JLA
図書館実践シリーズ 28

法情報の調べ方入門

法の森のみちしるべ

ロー・ライブラリアン研究会 編

日本図書館協会

Guideposts throughout the forest of law
— Ways of legal research
(JLA Monograph Series for Library Practitioners ; 28)

法情報の調べ方入門 ： 法の森のみちしるべ ／ ロー・ライブラリアン研究会編. ‒ 東京 ： 日本図書館協会, 2015. ‒ 202p ； 19cm. ‒ (JLA 図書館実践シリーズ ； 28). ‒ ISBN978-4-8204-1501-5

t1. ホウ ジョウホウ ノ シラベカタ ニュウモン a1. ローライブラリアンケンキュウカイ s1. 法律 s2. 情報利用法 ① 320.7

はじめに

　法律についての調べもの（これをリーガル・リサーチと呼びます）をしたいと思うことは，人生のステージの中で，それほど多くないことかもしれません。しかし，そのような調べものが必要となるときは，突然やってきます。そして，突然調べものを開始するには，法律に関する情報というものは，複雑怪奇で，何から手を付けたらよいか，皆目見当がつかないという事態に陥りがちです。

　それでも，インターネットや図書館でしばらく粘ってみると，関係のありそうな情報を手に入れることができるかもしれません。それで，ゴールにたどり着くリサーチもあるでしょう。しかし，そうやって手許に集まった法情報が，正確な情報であるかどうか，気になることもあるでしょう。なぜならば，法情報は単なる知識としてだけでなく，社会生活を営む上で，自分や家族の自由や財産に影響を与え，他者との取引や交渉でやり取りされる権利や義務に密接に関係してくるからです。自分の調べた法情報が確かなものであるかどうか，専門家に聞く前に，自分でもできる限りで確かめたい，そういった方々に向けて，本書は書かれました。

　大学などで，専門的な法学のトレーニングを受けたことがある人は，法情報の種類や特徴をある程度は理解しています。しかし，そのような機会に出会うことがなかった多くの市民や司書のみなさんにとっては，法情報の特殊な存在形式が，リサーチの大きな壁となることも多いのです。まず本書は，その壁を取り払うべく，

リーガル・リサーチに必要な法情報に関する知識とテクニック，そして多種にわたる資料の使い方をみなさんに伝授いたします。

また，初めて「法」に触れる方にも読んでいただきたいという観点から，私たちは，本書を単なる検索マニュアルとしてだけでなく，広い意味における法律学習の入門書となるようにも工夫しました。ゆっくり通読していただくと，法情報を載せる資料の森を通して，日本の法制度の姿が，ある程度学びとれるようになっています。そういった学びを通して，「法を知る権利」を実現していただけたら嬉しく思います。

本書を繙いてみると，中には非常に細かい資料の利用法や，検索者が入手容易な資料から，必要な法情報を自力で復原する方法など，法律を専門としない読者から見ると，専門的に過ぎると感じられるテクニックの説明があるかもしれません。しかし，図書館において，自力で法情報を探そうとする人，そしてそういう利用者を支援しようと頑張っている司書のみなさんには，そのようなテクニックを使うことで，高価で専門性の高い資料を購入しなくとも，正確な法情報を入手できるということを頭の片隅に置いていただきたいと願っています。そういったイザというときに，本書を手に取ってもらえることも，密かに目論んでいます。

本書は，国立国会図書館や，大学・法科大学院の図書館で実務についているロー・ライブラリアンを中心としたチーム（ロー・ライブラリアン研究会）で執筆しました。法律を専門としていない市民や司書のみなさんに，リーガル・リサーチの前に立ちはだかる壁を取り払うために役立つ，法律の基礎知識や，資料の探し方，

使い方といった，ロー・ライブラリアンが持つノウハウを実感できるように構成されています。

　本書を片手に，図書館やインターネットから，法情報を自在に取り出す面白さを体験してください。

　なお，本書の編集・刊行にあたっては，フリー編集者の大橋鉄雄さんに，多大なご協力をいただきました。私どもがこの小著をまとめるにあたり，法律書の編集経験が豊富な大橋さんの参加が，得難い推進力となってくれたことを，執筆者一同を代表して，ここに御礼申し上げたいと思います。

2015 年 4 月
　　　　　ロー・ライブラリアン研究会　代表　岩隈　道洋

目 次

はじめに　iii

●1章● 法情報の世界 ………………………………………………… 1

1.1 法の役割分担　1
（1）法的問題処理の3系統　1
（2）交通事故を例に考えてみよう　3
（3）まとめ　4

1.2 法のシステム　4
（1）法典と単行法　4

1.3 法情報の存在形式　9
（1）法令（制定法）　9
（2）判例　11
（3）二次資料　12

●2章● 法体系 ……………………………………………………… 14

2.1 はじめに　14
2.2 法令とは　14
2.3 国の法令　16
（1）制定権者　16
（2）政省令への振り分け　18
（3）法形式と法令番号　18
（4）その他の国の法令　19

2.4 地方自治体の法令　21
（1）条例と規則との関係　21
（2）執行機関の多元性と行政委員会の規則　22
（3）法律と条例との関係　23

2.5 要綱・要領・規程　24
2.6 通達(訓令)・通知　25
2.7 告示　25
2.8 ガイドライン・指針　26

●3章● 法令の条文を探す ── 27

3.1 はじめに　27
3.2 法令の特徴と収録媒体　27
3.3 特徴を生かした調べ方(1)──法令の索引　28
　(1) 法令番号と法令の改正履歴　28
　(2) 日本法令索引　29
3.4 特徴を生かした調べ方(2)──官報と法令集　31
　(1) 制定時の条文を探す　31
　(2) 現行の条文を探す　33
　(3) ある時点の条文を探す　34
　(4) その他の情報源　35
3.5 法令をなぜ探すのか──索引としての法令　36

●4章● 法令の解説資料を探す ── 39

4.1 はじめに　39
4.2 事例の紹介　39
4.3 法令情報を探す　40
　(1) 改正された法令　40
　(2) 改正をした法令(一部改正法を探す)　42
　(3) 施行状況を調べる　43

目 次

- 4.4 法令の解説資料　44
  - （1）『官報』には「あらまし」が掲載される　44
  - （2）所管省庁のWebサイト　44
  - （3）立法情報を探す　45
  - （4）立法担当者の解説記事を読む　46
  - （5）逐条解説書（コンメンタール）を利用する　47
- 4.5 法令の解説記事の検索方法　49
  - （1）雑誌記事のDBで探す　50
  - （2）法律関係有料DB，分野別有料DBを利用する　51
- 4.6 新聞情報を利用する　52

●5章● 通達・告示等を探す　55

- 5.1 はじめに　55
- 5.2 「通達等」の形式　55
  - （1）文書記号・番号　55
  - （2）文書日付　56
  - （3）文書の宛先　57
  - （4）発令機関（発令者）名　58
  - （5）題名　58
- 5.3 「通達等」の調べ方　59
  - （1）国から出されるものの調べ方　60
  - （2）地方自治体から出されるものの調べ方　63
  - （3）目次・索引の利用　64
  - （4）情報開示請求　65
- 5.4 おわりに　66

●6章● 法律はどうつくられるか ……………………………… 69
── 立法過程から立法情報を探す

- 6.1 はじめに　69
- 6.2 法律の立法過程　69
  - （1） 内閣提出法律案の立案過程　70
  - （2） 議員提出法律案の立案過程　70
  - （3） 法律案の国会審議過程　71
- 6.3 立案過程の重要資料・情報　72
  - （1） 政策課題の研究調査報告書　72
  - （2） 審議会・私的諮問機関の会議資料　72
  - （3） パブリックコメント（意見公募手続）　73
  - （4） 内閣法制局予備審査文書　73
- 6.4 立法過程の重要資料・情報　73
  - （1） 法律案　73
  - （2） 会議録，委員会議録　75
  - （3） 法律案参考資料　76
- 6.5 審議経過を知るためのその他の資料・情報　77
  - （1） 審議経過を知るために　77
  - （2） 審議の概要を知るために　77
- 6.6 国会の立法補佐機関の調査報告　78
- 6.7 平成24年の「著作権法一部改正法」の立法過程の重要資料・情報を探す　79
  - （1） 立案過程　79
  - （2） 立法過程　80
  - （3） 立法補佐機関の調査報告　83
- 6.8 おわりに　84

目次

●7章● 行政機関が発する法情報を探す … 89

- 7.1 はじめに　89
- 7.2 国の行政情報　89
    - （1） 審議会・研究会等　90
    - （2） 政策・調査報告　93
    - （3） パブリックコメント（意見公募手続）　94
    - （4） 白書・年次報告書等　95
    - （5） 公用文・法令用語　96
    - （6） 情報公開　98
- 7.3 地方の行政情報　101
    - （1） 地方自治体の発する法情報　101
    - （2） 行政資料センター・文書館　102
    - （3） 情報公開　103
- 7.4 まとめ　104

●8章● 判例とは … 107

- 8.1 はじめに　107
- 8.2 判例とは　107
    - （1） 最広義　108
    - （2） 広義　109
    - （3） 狭義　109
    - （4） 最狭義　110
- 8.3 裁判の仕組み　111
    - （1） 民事裁判と刑事裁判　111
    - （2） 三審制　112
    - （3） 裁判の形式　114

contents

8.4 判例の所在　115
(1) 判例の記載事項　115
(2) 判例が収録される資料やDBの種類と特徴　116
8.5 判例評釈　119
8.6 おわりに　120

● 9章 ● **判例を探す** ……………………………………… 123

9.1 はじめに　123
9.2 判例を探す　124
(1) 特定の判例を探す　124
(2) 特定の事項(法令条文・テーマなど)に関する判例を探す　129
9.3 判例を検索してみよう——アスベスト(石綿)訴訟　132
(1) DBで探す　132
(2) 新聞で探す　133
(3) 図書・論文・判例評釈やインターネットで探す　134
9.4 おわりに　135

● 10章 ● **判例評釈を探す** ……………………………………… 139

10.1 はじめに　139
10.2 判例評釈とは　139
10.3 判例評釈掲載誌の種類　140
(1) 『最高裁判所判例解説』民事編, 刑事編　141
(2) 商業誌　141
(3) 大学紀要・学会誌　143

目次

10.4 判例評釈の探し方　144
(1) 書誌情報を探す　146
(2) 所在情報を探す　150
10.5 おわりに　151

●11章● 審決・裁決等を探す——準司法的手続　154

11.1 はじめに　154
11.2 準司法的手続とは　154
11.3 準司法的手続の意義　156
11.4 司法手続と準司法的手続の違い　157
11.5 準司法的手続と司法手続(裁判)との関連性　158
(1) 審級省略　159
(2) 実質的証拠法則　160
11.6 審決・裁決等の調べ方　160
(1) 審決・裁決等を調べるDB　162
(2) 審決集・裁決集等　167
(3) 審決・裁決等掲載誌等(要旨を含む)　167
(4) 審決等の評釈をみる　168
(5) リサーチ方法の参考書・資料等　169
(6) 関連情報　170
11.7 おわりに　170

●12章● 法分野の人物・図書館・書店情報　174

12.1 はじめに　174
12.2 裁判官　175
(1) 裁判官と担当事件／裁判官の検索　175

（2）　判例の囲み記事・解説コラム　　176
　　　（3）　最高裁判所裁判官の意見　　177
12.3　弁護士　177
　　　（1）　弁護士等訴訟代理人と担当事件　　177
　　　（2）　弁護士，司法書士，行政書士，弁理士の検索　　179
　　　（3）　弁護士の執筆物：研究書　　180
　　　（4）　弁護士，司法書士，行政書士，弁理士の執筆物：
　　　　　　実務書　　180
12.4　研究者　181
　　　（1）　研究者の検索　　181
　　　（2）　研究者の執筆物の検索　　182
12.5　図書館の利用　182
　　　（1）　都道府県立，政令指定都市図書館　　183
　　　（2）　法学部のある大学図書館　　184
　　　（3）　地方自治体（地方公共団体）の議会図書室　　185
　　　（4）　業界団体の図書館　　186
　　　（5）　法律専門図書館　　187
　　　（6）　図書館のガイド情報　　188
12.6　書店の利用　188

あとがき　　191
索引　　193

<初出一覧>

1章　『情報管理』55巻7号（2012.10）p.511-515
　　「第1回　法情報の世界」（岩隈 道洋）

2章　『情報管理』55巻8号（2012.11）p.591-595
　　「第2回　法体系」（吉田 利宏）

3章　『情報管理』55巻9号（2012.12）p.670-674
　　「第3回　法令の条文」（田村 英彰）

4章　『情報管理』55巻10号（2013.1）p.754-759
　　「第4回　法令の解説」（村井 のり子）

5章　『情報管理』55巻11号（2013.2）p.833-838
　　「第5回　通達・告示等」（島 亜紀）

6章　『情報管理』56巻3号（2013.6）p.166-172
　　「第9回　立法情報」（宍戸伴久）

7章　『情報管理』56巻4号（2013.7）p.236-241
　　「第10回　行政情報」（中網 栄美子）

8章　『情報管理』55巻12号（2013.3）p.910-916
　　「第6回　判例とは」（藤井 康子）

9章　『情報管理』56巻1号（2013.4）p.36-42
　　「第7回　判例を探す」（小澤 直子）

10章　『情報管理』56巻2号（2013.5）p.102-107
　　「第8回　判例評釈を探す」（金澤 敬子）

11章　『情報管理』56巻5号（2013.8）p.302-309
　　「第11回　行政機関の行う審決・裁決等：準司法手続」（鈴木 敦）

12章　『情報管理』56巻6号（2013.9）p.374-379
　　「第12回　法分野における人物・図書館情報」（いしかわ まりこ）

1章 法情報の世界

1.1 法の役割分担

(1) 法的問題処理の3系統

　法的な問題には，民事事件・刑事事件・行政事件の3つの系統があります。それぞれの分野ごとに法も役割分担しており，民事法・刑事法・行政法と呼ばれます。

a) 民事事件と民事法

　民事事件とは，一般市民や民間企業の間で発生する，主に財産や家族をめぐる紛争のことをいいます。「貸した金銭が返ってこない」，「車に轢かれて怪我したので治療費を請求したい」，「離婚するが子どもの世話は父親と母親のどちらが見るのか」といった市民生活上のトラブルが典型例といえるでしょう。また，「自社が発明し，特許を取った技術が，他社製品に無断で使われている」，「ネット上で誹謗中傷され，職場や交友関係に悪い影響が出ている」というようなケースもまた，民事事件として取り扱われます。法的な解決としては，損害を金銭で賠償する損害賠償と，元に戻したり，等価のもので補償する原状回復が，代表的な方法です。これらの問題を解決するために，民法・商法・会社法・民事訴訟法・破産法といった主要な法律をはじめ，知的財産関連の諸法律（著作権法・特許法・商標法など）などが機能しており，民事法と

総称されます。

b) 刑事事件と刑事法

刑事事件とは，あらかじめ国会が制定した既存の法律によって犯罪と規定されている行為を行った者に対し，警察官等が捜査を行い，検察官が処罰を裁判所に対して求め，証拠に基づいて被告人の有罪・無罪を決定し，有罪の場合は処罰する一連の過程をいいます。殺人・窃盗・詐欺などといった典型的な犯罪は，刑法に個別の規定がありますが，そのほかにも麻薬及び向精神薬取締法，ハイジャック処罰法，著作権法，金融商品取引法など，刑法以外にも，個別の政策目的を達成するために罰則が設けられている法律は数多く，まとめて特別刑法と呼ばれます。そのほか，犯罪を行ったと疑われる者に対する捜査や裁判の手続について定めている刑事訴訟法や，未成年者の犯罪や非行に関する手続について定めている少年法，被疑者や被告人を拘束し，刑罰を執行するための施設（拘置所や刑務所）について定めている刑事施設法などが機能しており，刑事法と総称されます。

c) 行政事件と行政法

行政事件とは，行政機関が個人や企業に対する指導や，行政処分（許認可など）を行い，これに個人や企業側に不服がある場合に，行政機関を相手として処分等の取消しを請求し，また国や地方自治体（地方公共団体）に対して損害賠償を請求する，行政機関と国民との間の紛争をいいます。行政処分は，国や自治体の責任者（行政庁）が，法律によって与えられた政策目的を達成するための権限に基づいて行われるため，非常に多岐にわたる法律がその根拠となっています。薬事法・医師法・医療法といった医事関係の法令や，建築基準

法・都市計画法・農地法・景観条例といった不動産に対する規制関係の法令，水質汚濁法・大気汚染法・容器包装リサイクル法といった環境保全関係の法令など，企業の実務担当者や自治体の職員が専門的な立場から接する法令・法規の多くは，許認可に関わるもので，行政法と総称されます。

(2) 交通事故を例に考えてみよう

Aさんが自動車を運転中，おしゃべりに夢中になって前方への注意がおろそかになり，青信号で横断歩道を渡っていたBさんを轢いて全治6か月の重傷を負わせたとしましょう。この交通事故は1個の出来事ですが，法的な責任は3方向から考えなければなりません。

a) 民事事件として

民事事件としては，Bさんは民法第709条に基づいて，Aさんに対して，全治に要した治療費（直接損害）と，治療期間中得られたであろう収入（逸失利益），さらには痛みや恐怖といった精神的な苦痛に対する補償（慰謝料）を請求することができます。

b) 刑事事件として

刑事事件としては，刑法の特別法である「自動車の運転により人を死傷させる行為等の処罰に関する法律」第5条に基づいて，Aさんは過失運転致傷罪で逮捕・起訴され，有罪となったら7年以下の懲役もしくは禁錮または100万円以下の罰金が，刑罰として科せられます。

c) 行政処分として

行政事件としては，Aさんは道路交通法第103条に基づいて，自動車運転免許を受けた都道府県の公安委員会から，運

転免許の取消しや停止の処分を受ける場合があります。

(3) まとめ

このように，事実としては 1 個の出来事ですが，責任は民事・刑事・行政の 3 つの方向から発生し，それらを取り扱う手続の流れも別々に存在することには，注意しておく必要があります。また，事件によっては，民事責任は発生するけれども，刑事責任は発生しないなど，組合せは多様であり，事案に応じたリサーチが必要となります。

1.2 法のシステム

(1) 法典と単行法
a) 法典

民事法の分野では，民法という法律と，民事訴訟法という法律が，法分野の骨格をつくり上げています。同じように刑事法の分野では刑法と刑事訴訟法が，行政法の分野では日本国憲法や地方自治法，行政事件訴訟法などがそれに該当します。

このように，各法分野の骨格をつくり上げている法律は法

表 1-1

各法分野の基本的なシステムを提供する「法典」がある
行政法：憲法・地方自治法など 民事法：民法・会社法・民事訴訟法など 刑事法：刑法・刑事訴訟法など

表 1-2

法典の基本システムを補充する 2,000 件以上の「単行法」がある
行政法：図書館法・社会教育法・学校教育法 　　　　生活保護法・農地法・感染症予防法 　　　　食品衛生法・廃棄物処理法・旅行業法…… 民事法：利息制限法・不動産登記法・労働契約法 　　　　破産法・民事再生法・著作権法・戸籍法…… 刑事法：航空機の強取等の処罰に関する法律 　　　　麻薬及び向精神薬取締法・少年法 　　　　刑事施設法……

典と呼ばれます。法典は，当然，条文の数も多く，また数多い条文が相互に参照し合って，システムとして機能する場面も多いのです。

b) 単行法

これに対して，民事法の分野では著作権法や利息制限法など，刑事法の分野ではハイジャック処罰法や麻薬及び向精神薬取締法など，行政法の分野では食品衛生法や道路交通法など，それぞれの分野で，法典がリストアップしきれない個別の問題事例に対応するために，個別的な法律が数多く制定されています。これらの法律を法典に対して単行法と呼びます。

c) 一般法と特別法

上に述べたような法典と単行法の関係は，【より一般的な概念を定めている法律＝一般法≒法典】と，【より個別具体的な内容を定めている法律＝特別法≒単行法】ともいうことができます。とはいうものの，まったく同一の概念ではない

ことに注意が必要です。例えば，民法典に対して，会社法という法律は民法が一般法で会社法が特別法という関係にありますが，この関係は相対的なものです。例えば，会社法（一般法）に対して，NTT法（日本電信電話株式会社等に関する法律）やJT法（日本たばこ産業株式会社法）は特別法の関係にあることになります。また，条文上は一つの問題や事件に，一般法と特別法が同時に適用できるように読める場合がしばしば発生します。この場合は，特別法が優先して適用されます。

d) パンデクテン・システム

法典は，それ自身が階層的な構造をもっています。

表1-3では，民法典を例に示しています。まず法典の前半部分に「総則」と呼ばれる条文のグループが置かれています。ここでは，「人」や「物」，「意思表示」といった，すべての民法上の問題を考えるときに，共通して発生しうる問題に対処するための共通ルールを置いています。これに対し，後半部分には「物権」，「債権」，「親族」，「相続」と呼ばれる4編の条文のグループ（各論）が置かれています。物権では，「所有権」，「抵当権」といった，財産の支配権についてのルールを決めています。債権では，「契約」，「不法行為」（交通事故など）といった，他人に対して財産を請求する権利についてのルールが書かれています。同じように親族では「婚姻」や「親子」といった家族関係を規律するルールを，相続では「相続人」や「遺言」といった親族関係を基準とした死後の財産関係を規律するルールを定めています。また，4編に分けられた大きな条文グループはまた，それぞれのグループ内の共通ルールを前の方の条文にまとめるという編集方針を採用しています。このように，個別事項を定めた規定を法典の

表 1-3

民 法 総 則（第1編）			
物権（第2編）	債権（第3編）	親族（第4編）	相続（第5編）
総　則	総　則	総　則	総　則
占有権	契約	婚姻	相続人
所有権			
	（売買）		
用益物権	（賃貸借）		効力
	（雇用）		
	⋮	親子	
担保物権	事務管理		承認・放棄
（質権）	不当利得		財産分離
		後見	相続人の不存在
（抵当権）	不法行為	保佐・補助	遺言
⋮		扶養	遺留分

後半に置き（各論），抽象的・一般的な共通項となるべき規定を法典の前半に置く（総論）という条文の編集のしかたを，古代のローマ法大全の編集方針になぞらえて，「パンデクテン・システム」と呼びます。刑事法・行政法でも同様のしくみがみられる場合があります。

　もう少し踏み込んで法典の機能を考えてみましょう。図1-1では，刑法典を例に示しています。まず法典の前半部分に「総則」と呼ばれる条文のグループが置かれています。ここでは，「共犯」や「違法性阻却事由」，「責任阻却事由」（正当防衛・心神喪失などの無罪や減刑を考慮しうる場合）といった，

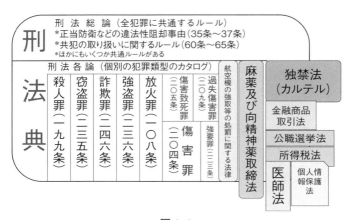

図 1-1

すべての犯罪に共通して発生しうる問題に対処するための共通ルールを置いています。これに対し，後半部分は「罪」と呼ばれる条文のグループが置かれています。ここでは，「殺人罪」，「窃盗罪」，「強盗罪」，「詐欺罪」などといった，個別の犯罪に対して，どのくらいの刑罰を科すかということが，カタログ状に並べられています。刑法典の「罪」の条文グループの中に実社会で発生しうるすべての犯罪を予想してリストアップできていることが理想ですが，人間の想像力の限界と，犯罪を含む社会現象の変化速度の問題が絡み合い，完全にリストアップすることは不可能であるといえるでしょう。と同時に，道路交通法や麻薬及び向精神薬取締法のような個別の政策を実現するためにつくられた法律の中には，刑事法としての側面をもちつつも，行政法としての側面も兼ね備えたものもあります。こういった法律は，当然刑法典の「罪」

8

の条文グループとは別に,それぞれの法律の中に「罪」の条文グループの仲間の規定をつくることになります。しかし,例えば,麻薬の売買は組織的に行われることが多く,これを処罰するためには共犯の取扱いも考慮しなければなりません。そうすると,麻薬及び向精神薬取締法によって麻薬売買の共犯を処罰する場合には,刑法典の共犯に関する規定も同時にチェックすることになります。個別事項を定めた,パンデクテン・システムにおいて,「各論」と呼ばれる部分(刑法典では「罪」)の中に,関係する単行法が組み込まれると理解してください。

1.3 法情報の存在形式

(1) 法令(制定法)

　日本は明治時代に,法制度を近代化するために,まずドイツやフランスといった,成文憲法や議会が制定した法律を法の中心とする,大陸法文化圏の法制度を研究し,自らの法システムに取り入れてきました。現行の法システムも概ねこれを継承しています。したがって,法律問題を考える際には,まず対象となる法令の条文を探し出す必要があります。法令(制定法)とは,文書で書き表され,一定の手続に従って制定・公布された法をいいます。日本の現行法令には,1947年に施行された憲法典である日本国憲法を頂点とする,ピラミッド型の上下関係が存在します。以下に,代表的な法令の形式と順位を示します。

a) 憲法

　統治機構と国民の基本的権利について定めた,国家の基本

図 1-2

構造を示す根本法です。日本においては日本国憲法がこれにあたります。

b) 条約

国家間あるいは国際機関と国家との間の法的合意のことをいいます。日本の国内法上は,内閣が外国政府または国際機関と条約を締結する前または後に,国会において内閣の締結行為の承認を受けること(批准)により,法令としての効力を発します。

c) 法律

日本国憲法第 59 条に定められた手続によって,国会で可決された法案は,法律となります。議会制民主主義を基本原理とする日本国憲法下において,国の権力行使を規律し,国民の権利義務関係を明らかにする最も基本的な法といえます。

d) 命令

国会が制定した法律の範囲内で,法律の執行その他の政策遂行のために内閣を頂点とする行政機関が定める法令をいいます。制定する権限をもつ者によって,その種類も多岐にわたります。特に,内閣が制定したものを「政令」,内閣府の

長官たる内閣総理大臣が制定したものを「内閣府令」,国家行政組織法上の省の長官たる大臣（行政大臣）が制定したものを「省令」,内閣府や各省の外局である庁の長官や独立行政委員会などの合議制の外局が制定したものなどを「規則」と呼びます。

e) 条例

広い意味で,「条例」とは地方公共団体（地方自治体）がつくる法令で,住民を拘束するもの（地方議会の条例・都道府県知事や市町村長等の規則）を総称する場合があります（この意味でいうときは,「例規」と言い換えることもあります）。狭い意味では,地方議会が定めた法令のみを「条例」と呼びます。法律を中心とする国の法令の範囲内でのみ,その効力を発揮できます。

(2) 判例

a) 判例とは何か

法令は,実際に社会の中で発生した紛争事例に適用されて,はじめて「活きた法」となります。裁判所が裁判を行い,最終的な判断（判決）を下した場合,その後の類似の紛争事例において,その判断結果は,裁判官や事件の当事者によってしばしば参照されるようになります。特に,ある法的争点について初めて裁判所の判断が示された場合や,裁判所が今までと異なった判断を示した場合など,過去に裁判所が下した判断のうち,先例としての価値があるものを「判例」と呼びます。

b) 判例の必要性

法令の条文の読み方が一義的でなかったり,事例が複雑で

法令が答えをストレートには出し切れていないようなとき，判例が法令の読み方を方向づけたり，事実上その分野の新ルールを提唱する結果となることがあります。このように，法令から当然には読み取れないルールを宣言した判例は，「判例法」と呼ばれることもあり，法制度の運用実態を正確に知るためには，判例の情報が不可欠といえます。

c) 判例のリサーチと訴訟手続

日本の裁判制度は，原則として三審制をとっています。したがって，一つの事件が3回にわたって裁判として争われる可能性があります。自分が調べようとしている判例が最終的な結論（確定判決）に至っているかどうかや，最高裁判所の判決が出ているのに，高等裁判所や地方裁判所の判決だけを見て満足していないかどうかを確かめつつ，判例を調べる必要があります。併せて，そのような裁判手続の流れを知り，効果的に判例検索ができるようになるためにも，裁判所法や刑事訴訟法，民事訴訟法，行政事件訴訟法といった裁判手続に関係する法律についての簡単な基礎知識を準備しておくことも，判例を調べる際には有益です。

(3) 二次資料

法令と判例が日本の法の生の姿を現しています。そのため，両者を併せて，「法源」とか「法の一次資料」と呼びます。しかし，専門的な法学の訓練を受けていない人がそれらの資料のみを頼りとして法情報の調査を進めることは困難です。通常は，一次資料について弁護士や法学者などの専門家が解説した二次資料（教科書や雑誌記事・論文，逐条解説など）を参照することからリサーチを始めることになります。法学関連

の論文や判例評釈などの専門的な法の二次資料を探すためのツールとして,法律専門の,あるいは学術情報の書誌やデータベース,専門図書館や専門機関を知っておくことも,調査の際には有効です。本書では,これらの資料や機関を活用するためのノウハウを,提供していきます。

2章 法体系

2.1 はじめに

　この章では，法令の種類とそれぞれの法令との関係を説明します。ただ，その前提となる「法令とは何か？」ということについて世の中に明確な定義はありません。まずは，そのことから話題としましょう。さらに，国の法令・地方自治体（地方公共団体）の法令の特徴について説明します。最後に，法令でない法（ルール）についても少し触れておくことにしましょう。

2.2 法令とは

　「数学はひとつの答えにたどりつくからいい」。数学科に進んだ高校のクラスメイトはよくそういっていました。ところが，法律を学ぶということは，一つの正解を求めることではなく，「ああでもない」，「こうでもない」と頭の体操をするところにあります。こうした傾向は法学での用語にまで影響を与えているのですから，やっかいです。

　ただ，一般的にいえば，国や地方自治体のルールとしての法は，「法規」とそうでないものに分けられます。少し年配の人は「あの人は法規に詳しい」などといいますが，古めか

しいこの「法規」という言葉こそ行政法学により一定の意味が与えられているのです。それは,「国民(住民)の権利義務にかかわる定め」という意味です。

　もう少していねいに説明しましょう。法(ルール)といっても,例えば,公務員に対して出される命令やマニュアルといったものがあります。これなどは法令のような形式であっても法規からは除かれます。また,国民に向けられたものであっても,単なる事実を伝える「お知らせ」のようなものは法規とはいえません。

　法令という言葉について明確な定義はないものの,ここではこの「法規」という概念をベースにして「国民(住民)の権利義務にかかわる定め」を法令と呼び,説明することにします。

　さて,その法令ですが,一定の秩序の下にそれぞれの関係をもちながら存在しています。それは上位法と下位法との関係であったり,同じ効力を有する法令同士の関係であったりと,まるで会社での人間関係のようです。そうした安定した法令同士の関係を「法秩序」といい,新たに法令を制定したり,法令を改正しようとする場合にはこの法秩序が破たんしないように,それぞれの法令同士の関係に目配りをします。こうした作業を「法的整合性を図る」といいます。内閣法制局が内閣に意見をいう場合がありますが,それは「法律案の内容がおかしい」というのではなく,この「法的整合性が図られているのか」という視点から行うものです。

　法の世界は,このように法令同士の相互関係で成り立っているのですが,典型的な法同士の関係については1章1.3で,すでにお話ししたところです。

2.3 国の法令

　国の法令ですが、その秩序の特徴は、厳しい「縦関係」にあります。クラシカルな職制を引く会社では、今でも部長、課長、係長などといった役職があり、そのヒエラルキーが維持されていますが、まさに国の法令の特徴はそこにあります。
　一番上位の法令が「法律」であり、その次が「政令」、さらにその下位法令が「省令」（内閣府の場合には内閣府令、内閣官房の場合には内閣官房令）となります。しごく単純にいえば、国会が定めた法律をさらに具体化したり、実施するために定められるのが「政令」や「省令」です。では、憲法はどのようなものであるかということですが、国の基本構造を示す根本法といえます。「すべての法秩序がよって立つ土台のようなもの」とでもいえばよいでしょうか。

(1) 制定権者
a) 憲法
　こうしたヒエラルキーが存在する理由は法令の制定権者の違いにあります。憲法であれば、国民がその制定権者です。国民は主権者そのものです。国民は法律の制定は議員に任せていますが、憲法については任せていません。憲法改正手続に国民投票があるのもその現れです。

b) 法律
　法律は、国会が制定します。国会はもちろん国民の代表である議員から構成されています。憲法を除けば、法律は一番重い法令です。その重さは、国民の代表が定めたものであることに由来します。国民の代表が定めたものだからこそ、国

民の権利を制限したり，義務を課す内容についても定めることができるのです。

c) 政省令

　政令は内閣が定めます。内閣というのは，内閣総理大臣と全大臣たちで構成する合議体のことです。これこそ，行政の意思を決める行政権の本体です。そのため，政令は，各大臣が定める法令である省令より重いものとなります。先ほど，政省令は，国会が定めた法律をさらに具体化したり，実施するために定められると述べました。その一方で「国民の権利を制限したり，義務を課す内容を新たに定めることは法律によってしかできない」旨も述べました。ここで生じるのが，「国民の権利義務にかかわる規定の具体化や実施のための規定を政省令に置くことができるか」という問題です。答えから先にいうと「YES」です。ただ，その場合には，法律に「○○については政令（××省令）で定める」といった規定が必要となります。これを「委任規定」といいます。その委任規定に基づいて定められた政省令を「委任命令」といいます。

　委任規定は，社長が「○○の件は，××の方針で部長にお願いしよう」と命じるようなものです。ただ，このとき社長の指示のしかたが問題となります。政治に興味のない殿様のように「よきにはからえ」と任せてしまっては，部下が好き勝手するかもしれません。委任規定も大事なところを法律上，示した上で委任をしないと，行政のやりたい放題になってしまう危険性をはらんでいます。

　なお，政省令には，単に法律を実施するためだけの規定も置かれています。こうした権利・義務の内容を形づくるものではない政省令の規定のことを「執行命令」といいます。例

えば、申請書の書式を定める省令の規定などがその例です。執行命令はたとえ、法律の委任がなくても定めることができるものとされています。ただ、近頃は念のため「この法律に定めるもののほか、この法律の実施のため必要な事項は、○○省令で定める」といった手続のための包括的な委任規定が置かれることも多くなっています。

(2) 政省令への振り分け

どのような事項を政令で定め、どのような事項を省令で定めるかという規定事項の振り分けは、ズバリ内容の重要度によります。それは社長が部長へ任せる事柄と課長へ任せる事柄との違いと同じです。

(3) 法形式と法令番号

実務上の問題ともいえるのですが、法令の名前（これを正式には「題名」といいます）から、その法形式を判別するのが難しい場合があります。法律の場合なら、通常「○○法」とか「○○に関する法律」という題名が付されますので問題が

表2-1 政省令の題名例

政令の題名例	・著作権法施行令（昭和45年政令第335号） ・厚生労働省組織令（平成12年政令第252号）
省令（内閣府令）の題名例	・著作権法施行規則（昭和45年文部省令第26号） ・厚生労働省組織規則（平成13年厚生労働省令第1号） ・消費者安全法施行規則（平成21年内閣府令第48号）

ないのですが,政令の場合には「○○に関する政令」とか「○○を定める政令」との題名が付けられているとは限りません。むしろ,表2-1のような題名の場合が多くあります。こうした事情は省令も同じです。題名の後に付される「法令番号」が法形式判別の手がかりとなります。

なお,事柄によっては,規定事項がいくつかの省庁にまたがる場合があります。この場合には省令は複数の大臣による「共同省令」となります。「使用済小型電子機器等の再資源化の促進に関する法律施行規則」(平成25年経済産業省・環境省令第3号)のようにです。この場合にも,やはり法令番号からそれが共同省令であることを知ることができます。

(4) その他の国の法令

ここでは,政省令以外の少し「変わり種」の国の法令を紹介しておきます。

a) 会計検査院規則・人事院規則

行政権は内閣に属しますが,その役割によって内閣からある程度,独立した行政機関も存在します。国の会計のチェック機関である「会計検査院」や,国家公務員についての人事行政や利益保護を行う「人事院」がそれにあたります。これらの機関は,内閣からの独立性から,「会計検査院規則」,「人事院規則」を定めることができます。さらにいえば,これらの機関の事務に関しては直接,政令は及びません。ですから,会計検査院規則や人事院規則は,名前は「規則」なのですが,省令以上に重要な内容を含んだものということができます。

b) 外局(がいきょく)規則

 「○○庁」や「○○委員会」というものを耳にしたことがあるでしょう。これらは本省(内閣府を含む)とは別に置かれる行政機関です。例えば,経済産業省には「特許庁」が置かれていますし,内閣府には「金融庁」や「国家公安委員会」があります。こうした外局は専門性や政治的な中立を確保する必要性から本省(内閣府)とは別に置かれるものです。しかし,外局は原則として,独自に命令を出すことはできません。したがって,特許庁規則や金融庁規則というものは存在しないのです。所管事項について,省令が求められる場合もあるでしょうが,その場合には,経済産業省令や内閣府令として,本省(府)から出してもらうことになります。

 ただ,例外的に独自に命令制定権を与えられた外局があります。国家公安委員会や中央労働委員会(厚生労働省の外局)などがそれで,法律で定められた範囲で規則を定めることができます。こうした規則を「外局規則」といいます。

c) 議院規則・最高裁判所規則

 三権分立との関係で憲法が議院や最高裁判所に認めた規則制定権があります。まず,衆議院や参議院は,会議の手続や

表2-2 国の法令の概観

憲法	法律	政令	省令
			外局規則
		会計検査院規則	
		人事院規則	
		議院規則	
		最高裁判所規則	

内部の規律に関して自ら規則を定めることができます。これを「議院規則」といいます。また，司法行政を取り仕切る最高裁判所は，訴訟に関する手続や裁判所の内部規律などについて規則を定めることができます。これを「最高裁判所規則」といいます。

2.4 地方自治体の法令

次は地方自治体の法令です。自治体の法令には「条例」と「規則」があります。「条例」とは，自治体の議会が定めた法令のことです。一方，執行機関が定めた法令を「規則」といいます（ここでは，知事，市長村長といった首長が定めた規則を念頭に話を進めていきます）。

（1） 条例と規則との関係

条例と規則との関係は「横関係，時々，縦関係」とでも表現できるかもしれません。というのは，条例と規則とは基本的には上下ではなく対等な関係にあるのです。二元代表制という言葉があるように，自治体では議会（議員）ばかりでなく，首長も住民から直接選ばれる存在です。つまり，どちらも民主的な基盤をもつわけです。

そのため，国とは異なり，行政（首長）が定めた規則も条例と並んで重要視されているのです。こうした関係は，社内に社長が2人いるようなものですから，両法令の役割分担が問題となります。

まず，それぞれ専権事項というべきものがあります。権利を制限したり，義務を課す場合には条例によらなければなり

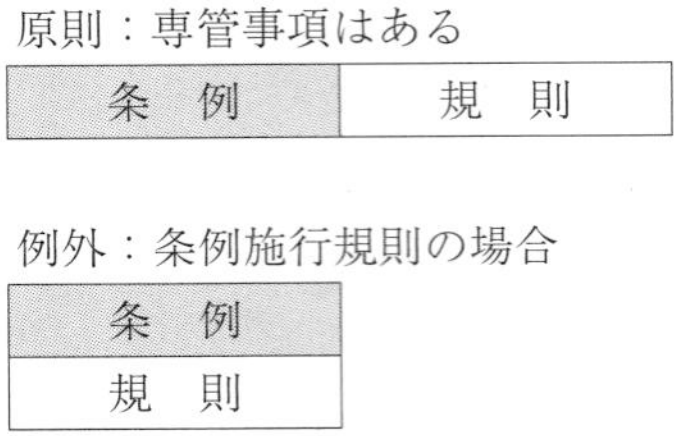

原則:専管事項はある

| 条　例 | 規　則 |

例外:条例施行規則の場合

| 条　例 |
| 規　則 |

図2-1　条例と規則との関係イメージ

ません。また、財務に関することは規則によらなければなりません。このような最低限の役割分担が地方自治法などに定められています。しかし、それ以外は条例で規定しようが、規則で規定しようがかまわないのです。

　ただ、問題も残ります。「条例ですべてを定めきれない」という問題です。国の法令なら、政省令という下位法令で法律の細かい内容を具体化することができます。条例の場合であっても、それを実施するための下位法令が必要となるはずです。ここが少し複雑なのですが、そのときに条例の下位法令として働くのもまた首長が定める「規則」なのです。通常の規則と区別する上で、条例の下位法令として働く規則を「条例施行規則」といいます。条例と規則との関係は図2-1のようになります。「横関係、時々、縦関係」といったのはこうしたことを指してのことなのです。

(2)　執行機関の多元性と行政委員会の規則

　国の場合、行政の本体は内閣にありますが、自治体の場合には、行政の執行機関は首長だけではありません。例えば、教育行政についての執行機関は教育委員会ですし、警察行政

を管理するのは公安委員会（都道府県単位）です。また、監査行政については監査委員が務めます。このように、首長の他に執行機関が多数あるわけです。こうしたしくみを「執行機関の多元性」といいます。これは選挙で選ばれた首長が大きな権力を握り、独裁化しないためのしくみといわれています。執行機関の多元性から、教育委員会、人事委員会（公平委員会）、公安委員会といった執行機関（行政委員会）に法律で規則制定権が認められています。ただ、こうした行政委員会の規則は、国の法令、条例または規則に反しない範囲内で定めることができるものです。

（3） 法律と条例との関係
a）「法律の範囲内」の意味

法律と条例との関係は条文の上ではきわめてシンプルです。しかし、その判断はなかなか難しいものです。

憲法第94条には「法律の範囲内で条例を制定することができる」とあります。つまり、条例は法律に反することはできないということになります。ただ、条例などが法律の下位法令なのかといえば決してそうではありません。今や地方分権の世の中、国と自治体は対等関係にあります。条例が法律の範囲内のものかどうかは、その法律の趣旨などをよく見極めて判断しなくてはなりません。例えば、法律と条例の規制対象が同じであっても、その規制目的が異なれば一般的に条例による規制は可能と考えられます。また、規制対象も目的も同じであっても、法律による規制が全国一律を想定するものでなければ、条例によるさらに厳しい規制も可能でしょう。近頃はこうした条例との関係をあらかじめ法律の規定上、整

理している場合もあります。ただ，こうした規定がない場合にはやはり，一つ一つ判断するしかありません。

b) 読み手の心構え

こうしたことを踏まえると，条例の読み手に求められることがあります。それは，条例に規定されていることが法律との関係でどのような意味をもつのかを意識するということです。法律が定める基準や手続などを具体化したものか，それとも法律の定める基準や手続にプラスアルファするものか……。ただ，正直いって，この見極めは一筋縄ではいきません。規制条例などである場合には，自治体の担当課に，関連法律はあるのか，それと条例との関係はどうなっているのか尋ねてみた方が早いかもしれません。

2.5 要綱・要領・規程(きてい)

最後に，法令のように見えて，法令でないものをいくつか説明しておきましょう。国，自治体を問わずこうしたものは存在します。

まず，「要綱」，「要領」，「規程」というものがあります。これらは，公務員の事務処理上のマニュアルのようなものです。どのようなものにこうした名前を付けるかについての根拠はありません。ただ，マニュアルのうち，基準を中心に書かれたものを「要綱」，さらにその基準を細かく書いたものを「要領」とする場合が多いようです。また，基準だけでなく手続など広く書かれたものを「規程（きてい）」としているように思います。いずれも国民向けではなく行政内部向けです。ですから，法令ではありません。

2.6 通達(訓令)・通知

　法令の解釈や運用の留意点などを示すものに「通達」があります。上級行政機関が下級行政機関に出す命令が通達の正体です。法令のような形式で出されたものを「訓令」という場合もあります。通達も訓令も行政内部に向けられたものです。要綱のようなものも重要性が高い場合には通達や訓令という形で出されることが多くあります。通達や訓令は命令ですから、下級行政機関はこれに従わなくてはなりません。例えば、「○○実施要綱」(平成26年××通達(訓令)第○○号)とあれば、それは通達(訓令)化された要綱であることを示しています。

　また、通達や訓令に似たものに「通知」があります。通知は、通達や訓令の出せない相手に対して「従って欲しい」という気持ちを込めて出すものといえます。地方分権改革が進み、現在はすべての事務について、国と自治体は対等になりました。ですから、国から自治体へ通達や訓令を出すことはできません。そこで、国が自治体に法令の運用などについての希望があるとき、通知として出されているのです。また、所管省庁が業界団体に出す通知も知られた存在です。

2.7 告示

　その内容を官報や公報などで公にしたものを「告示」といいます。簡単にいえば大事な「お知らせ」です。国民(住民)に関係が深い要綱などについては一般に告示化されます。例えば、自治体が家庭用ごみ処理機に補助金を交付する事業を

始めたとします。この補助金事業を実施するために、どんな性能のごみ処理機にいくらの補助金を交付するかなどのマニュアルを担当課では作成することでしょう。しかし、その内容は補助金を受ける住民にとっても知りたいはずです。そうした要綱などを告示化するというわけです。ただし、法律に告示の根拠がある場合には、単なる「お知らせ」でなく政省令のような役割を果たすこともあるので注意が必要です。

2.8 ガイドライン・指針

ガイドライン、指針という言葉もよく使われます。いずれも「基準」とか「方向性を示すもの」というような意味でしかありません。そのため、誰に向けられたものか、どんな性格のものか（法律や条例の規定を受けて定められたものか、通達や告示化されたものかなど）を見極める必要があります。

表2-3 法令でないもののまとめ

要綱・要領	事務処理のために定めた行政内部の基準やマニュアルのこと。特に細かく定めたものを「要領」という場合が多い
通達・訓令	上級行政機関が下級行政機関に出す命令のこと。法令の形式のものには「訓令」と表現されることも多い
通知	通達の出せない相手に対して「従って欲しい」という気持ちを込めて出すもの
告示	官報や公報などで行う正式な「お知らせ」。なかには政省令のような役割のものもある
ガイドライン・指針	「基準」とか「方向性を示すもの」

3章 法令の条文を探す

3.1 はじめに

1章,2章では,法の世界に法則や体系があることを紹介しました。

法といっても,法の淵源となるものはいくつかあります。国や地方自治体が一定の手続を経て定める法令。裁判において裁判所が示した法律的判断である判例。法令に定めがなくとも実際に法的な判断の根拠となりうる法的慣習。そして,これら法令,判例,法的慣習について解釈や検討を提示する学説です。

3章では法令を取り上げ,条文の探し方をご案内します。ご案内の対象は法律,政令・府省令が中心となります。

3.2 法令の特徴と収録媒体

判例や法的慣習と比べると,法令は規則性のある文章でできており,制定・改正も体系的に行われます。法令調査でやっかいなのがこの「条文が改正されること」です。しかし,制定や改正のしくみに則して,法令を収録する媒体や検索ツールが整備されています。

大まかにいうと,制定された国の法令は『官報』掲載をも

って「公布」されます。しかし『官報』には、改正法令は「○○を××と改正する」と掲載されるのみです。改正部分が反映された（溶け込んだ）条文は、民間の出版社が編集・刊行している各種の「法令集」に掲載されます[1]。

　改正が反映された法令の条文を収録したオールマイティな媒体や検索ツールはありません。現行法令集で最も収録範囲が広いのは総合法令集ですが、加除式のページ差し替えを停止して毎年保存している図書館はありません[2]。冊子体の分野別の法令集は比較的細かい法令も収録されていますが、全分野で刊行されているわけではありません。「ある法令がどの法令集に収録されているか」がわかる、法令集と収録法令の対応関係をまとめた網羅的な索引もありません。

　そのため、法令の条文を探すには、収録範囲や分野によって媒体やツールを使い分け、資料にあたってみて条文を確認することになります。幸い、電子化の進展により、検索やアクセスが容易な範囲は広がってきています。まずは、インターネットで利用できるデータベース（DB）にあたってみましょう。ざっと調べるには、国立国会図書館の「日本法令索引」が便利です。これだけでも基本的な情報が入手できます。これを踏まえた上で、紙の法令集や有料のDBが必要となれば、図書館の出番となります。

3.3 特徴を生かした調べ方（1）——法令の索引

（1）法令番号と法令の改正履歴

　法令の条文を探すポイントは二つあります。
　一つめは、法令は法令番号によって特定・識別されるとい

うことです。法令番号は，法律，政令……といった法令の形式ごとに，暦年で公布順に第1号から与えられます。日常的に使われる法令名は通称であることが多いので，法令を調べるときは法令名とともに法令番号を控えるようにしましょう。

　ポイントの二つめは，調査対象の条文が「制定時の条文か／現行の条文か／ある時点での条文か」です。法令は改正があるため，どの時点での条文を調べているかによってあたる媒体が異なります。以下に，調査対象の条文と収録媒体との関係を示します。

　　制定時の条文　　→　官報または法令全書
　　現行の条文　　　→　最新の法令集
　　ある時点での条文→　それ以前の改正を反映した法令集

　法令の改正の経過を改正履歴や法令沿革といいます。調査対象がどの時点の法令であるかを意識していないと，求めるものとは違う条文にあたることがあります。
　「日本法令索引」は法令の改正履歴を調べるツールであり，条文を探す二つのポイントを押さえることができます。

(2)　日本法令索引

　「日本法令索引」[3]は，国立国会図書館法第8条により作成されている「法令の索引」です。条文本文は収録していませんが，国の法令の沿革と法案の審議経過を収録しています。「日本法令索引〔明治前期編〕」[4]も合わせれば，明治以降の国の法令の沿革を追うことができます。
　「日本法令索引」を使って，法令番号や法令沿革などの基

3章　法令の条文を探す………29

本情報を確かめてみましょう。調査対象が現行法令とわかっているときは、トップメニューの「現行法令」から入ります。現行法令かどうか不明なときは、トップメニューの「制定法令」から入ります。「現行法令」で調べてヒットしない場合は、一部改正法令や廃止法令も含む「制定法令」で検索してみます。

　法令名から検索するときは、通称からもある程度は検索できます。判明している法令名の特徴的な文字を2～4字程度入れて検索するのがコツ。多くの文字を入れてしまうと、通称でも正式な題名でもヒットしないためです。例えば、家電リサイクル法であれば、「家電」と入れて検索すると、2件ヒットします。〔通称：家電リサイクル法〕の「法令沿革」をクリックすると、図3-1の法令沿革一覧画面が表示されます。

　図3-1から、次のことがわかります。家電リサイクル法は通称であり、**正式な題名**は「特定家庭用機器再商品化法」。

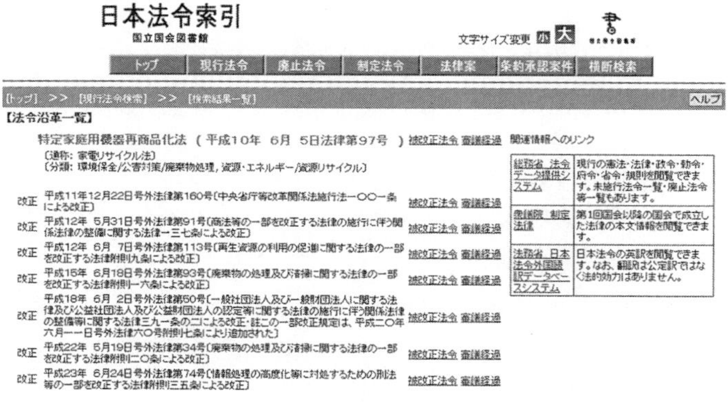

図3-1　法令沿革一覧画面（国立国会図書館「日本法令索引」）

法令番号は「平成 10 年法律第 97 号」。**公布年月日**は，「平成 10 年 6 月 5 日」。法令沿革から調べたい時点前後の改正法令の番号と公布年月日も確認し，これらを控えておいて『官報』や法令集にあたります。

なお，画面右側の「関連情報へのリンク」から，国のほかの DB の本文情報へとたどることもできます。主なリンク先は，総務省「法令データ提供システム」(後述)，衆議院「制定法律」[5]，法務省「日本法令外国語訳データベースシステム」[6]等です。現行法令や制定時の法律の条文を確認するだけなら，これで十分なことも多いでしょう。

「日本法令索引」では法令情報を，「法令沿革」一覧画面のほか二つの画面で構成しています。その法令が改正・廃止した法令がわかる「被改正法令」一覧画面と，その法律の法案段階の「審議経過」がわかる会議録一覧画面です。ヘルプには，リンク先の詳細や使用例があり，参考になります。

3.4 特徴を生かした調べ方(2)——官報と法令集

(1) 制定時の条文を探す

制定時の法令の条文を探すには，公布年月日がわかっている場合は『官報』の掲載号にあたります。また，法令番号がわかっている場合は『法令全書』にあたるのが早いです。有料の DB「官報情報検索サービス」は，本文検索ができる点で有用です。

『官報』は，国立印刷局が発行している国の広報，公告等を掲載する機関紙であり，行政機関の休日を除いて毎日発行されています。法律，条約，政令，府省令，規則，訓令，告

示の制定時の条文が掲載されています[7]。1883（明治16）年7月に創刊され，公文式（こうぶんしき。明治19年2月26日勅令第1号）によって法令の公布機関としての制度が整えられて以来，現在に至っています。

『法令全書』は，『官報』の告示までの部分を法令の形式・番号順に並べ直して毎月刊行されている「制定順法令集」です。『官報』創刊以前の1867（慶応3）年まで遡って編纂されています。

『官報』の電子媒体については国立印刷局が，無料の「インターネット版官報」で公開しています。直近30日以内であれば官報のすべてを掲載，それより以前は2003（平成15）年7月15日分まで遡って，法律，条約，政令，府省令，最高裁判所規則など法令の一部を掲載しています[8]。また，有料DB「官報情報検索サービス」は，1947（昭和22）年5月3日から当日発行分の『官報』をテキストと画像で収録しています[9]。このDBは本文検索ができるため，制定法令を法令番号，公布年月日，法令の題名や条文中の文字からも探すことができます。また，『官報』の月目録や『法令全書』の採録対象となっていない部分，公告などを調べることができます。有料のDBとしては比較的安価であり，多くの図書館が導入しています。

国立国会図書館「デジタルコレクション」では，戦前期の『官報』（1883（明治16）年7月2日～1952（昭和27）年4月30日）をインターネット上で公開しています[10]。本文検索はできませんが，月目録の件名をデジタル化しているので，法令名などから検索することができます。また，"Official Gazette; English edition"（1946（昭和21）年4月4日から1952（昭

和27)年4月28日のみ刊行されていた英文官報)や明治期の『法令全書』もデジタル化して公開しています。

近代日本の国の制定法令は,「官報情報検索サービス」を中心に,電子媒体でカバーされていることになります。

(2) 現行の条文を探す

現行の条文を探すには,最新の改正を反映させた条文を収録した各種の法令集にあたります。形態には加除式と冊子体があります。法令集は収録範囲によって使い分けます。収録範囲が最も広いのは,総合法令集です。

加除式法令集は,改正があったページを差し替えてアップデートされます。その典型は総合法令集で,『現行法規総覧』(第一法規)と『現行日本法規』(ぎょうせい)があります。全百巻に及ぶ現行法令集で,省令・規則までの法令および規範性のある告示をすべて収録しています。

電子媒体の総合法令集として,「電子政府の総合窓口e-Gov」にて総務省行政管理局が2001(平成13)年より運用している「法令データ提供システム」があります[11]。憲法以下の法律と行政機関の命令の現行の条文を収録し(衆議院規則・参議院規則,最高裁判所規則,条約,告示,訓令,通達等を除く),条文中の文字から検索できます。「日本法令索引」の現行法令の主なリンク先であり,多くはこれで事足りるでしょう。

冊子体の法令集は,毎年あるいは数年ごとに「〇年版」と版を改める形で刊行されます。主要な法令を掲載する大型六法[12]の例としては『六法全書』(有斐閣)[13],判例付六法の例としては『模範六法』(三省堂)が挙げられます。冊子体の法令集は,加除式の法令集と比べて収録法令数は限られます

が，その手軽さと利便性から，より一般に普及しています。

　紙媒体では，主題別法令集に注目しておきましょう。形態は加除式・冊子体ともあり，各分野の法令を探すときに有効です。紙媒体の法令集は，法令の体系や相互の関係を目次で一覧できる点が強みですが，主題別法令集ではその分野の法令にとどまらず，多くは関連する通知・通達まで収録しています。『日本十進分類法』では，憲法・民事法・刑事法以外は法令集も各分類の下に混配されます（参考図書として別置されることもあります）。

　さて，資料を手にしたら，内容現在をさっと確認します。加除式なら1巻冒頭に付された加除追録一覧，冊子体なら巻頭の凡例に書いてあります。調査対象の法令にたどり着いたら，題名の次にある改正履歴を見て，最終改正がいつの条文かを必ず確認しましょう。もし必要な改正が反映されていなければ，『官報』の改正法令を読み合わせ，自分で改正部分を溶け込ませる作業をすることによって，現行の法令とすることができます。

(3)　ある時点の条文を探す

**　ある時点の法令の条文を探すには，まず「日本法令索引」で法令沿革を調べます。求める時点よりも前の最後の改正がいつであるかを確認し，その改正が反映されている法令集にあたります。掲載法令の最終改正に注意し，反映されていない改正があれば自分で反映させます。**

　国の制定法令は『官報』，最新の現行法令は総合法令集が最短であり，電子媒体もあります。一方，ある時点の法令の条文は，冊子体の法令集を継続的に収集・保存している図書

館で探すしかありません。所蔵は書架で見て当たりをつけ（特に主題別法令集），OPACでほかの版がないか確認しましょう。

有料のDBでは，2001（平成13）年以降は収録法令すべてについて任意の時点の条文を調べることができるものがありますが，それ以前の制定時まで遡って調べることができる法令は限られます。例えば，第一法規の「D1-Law.com現行法規履歴検索」では，102法令です[14]。

一般的な六法が継続して保存されていれば，主要な法令を遡って調べることができます。有斐閣の『六法全書』には電子復刻版DVDがあります（昭和32年版～平成23年版を収録）。

法令集に収録された法令の網羅的な索引はありませんが，国立国会図書館「リサーチ・ナビ」の目次データベースには，部分的ながら法令集の目次が収録されています[15]。「リサーチ・ナビ」最上部の検索窓に「目次　特定家庭用機器再商品化法」と入れて検索し，「本」のタブを選択すると，下段の「内容情報からさがす」に家電リサイクル法の正式題名を目次に含む資料の一覧が得られます。法令集としては，『環境六法』，『廃棄物・リサイクル六法』等が見つかります。通知・通達類を多く含む資料の目次データを重点的に蓄積しているものですが，法令集の目次を開く代わりに活用できます。

(4) その他の情報源

ここまで紹介してきた条文の探し方は，主に『官報』の収録範囲，「日本法令索引」の収録範囲である，国の法令にあてはまるものでした。それ以外について簡単に触れておきます。

告示・訓令は，官報・法令集に掲載されるほか，「e-Gov」の「所管の法令・告示・通達等」という各省庁へのリンク集に掲載されることもあります[16]。詳細は5章をご覧ください。

　地方自治体の条例や規則は，各自治体の公報・例規集に掲載されます。各自治体のホームページやその地域の図書館で調べます。

　各省庁では公報の廃刊，都道府県では公報・例規集の電子化が進んでいます。国立国会図書館「インターネット資料収集保存事業」（WARP）では政府機関や自治体のインターネット情報を収集しており[17]，現在はサイト上に掲載されていない訓令や例規が，ここで見つかることがあります。

3.5 法令をなぜ探すのか——索引としての法令

　法令は文字で書いてあるものの，そのまま読んでも意味が取れないことがあります。また法律単体では完結せず，ほかの法令と合わせて制度ができあがっています。法令の文言は，読み手それぞれが好きなように解釈して何とかなるものでもなく，法案の趣旨説明，立案担当者の解説，判例，学説等を読み合わせて理解する必要があります。

　それでは，法令の基本情報や条文を探すことの意義は何でしょうか。

　あるテーマについて調べるとき，その分野の法令も調べることによって，法体系から視点を補うことができます。例えば，大きな制度変更の際は，根幹をなす法律が改正されるため（第○次改正），条文や改正履歴から一般書の記述が確かめられます。「日本法令索引」で法令の変遷を明治まで遡るこ

とで、法令の残した足跡から得られるものもあります。

　図書館・文献の世界にあって、法令の体系が次の文献への手がかりとなる——法令の条文や基本情報を調べることは、その第一歩となるのです。

注
1) 日本では、国が責任をもって提供している法令の正文は、『官報』に掲載された制定時の法令のみです。
2) 国立国会図書館でも、総合法令集を保存している年度には限りがあります。『現行法令輯覧』（ぎょうせい　明治40・43、大正2・5・7・9・12・14、昭和2・4・17・43、平成11・12）、『現行法規総覧』（第一法規　昭和38、平成5）、『現行日本法規』（ぎょうせい　昭和52・59・62、平成元・7）、『帝国法規』（帝国法規出版　昭和19・24）。
3)「日本法令索引」http://hourei.ndl.go.jp/
4)「日本法令索引〔明治前期編〕」http://dajokan.ndl.go.jp/
5) 衆議院「制定法律」
   http://www.shugiin.go.jp/internet/itdb_housei.nsf/html/housei/menu.htm
6)「日本法令外国語訳データベースシステム」
   http://www.japaneselawtranslation.go.jp/
7) 官報掲載事項は「官報及び法令全書に関する内閣府令」（昭和24年6月1日総理府・大蔵省令第1号）に定めがあります。
8) インターネット版「官報」http://kanpou.npb.go.jp/
9)「官報情報検索サービス」https://search.npb.go.jp/kanpou/
10) デジタルコレクション「官報」http://dl.ndl.go.jp/#kanpo
11)「法令データ提供システム」http://law.e-gov.go.jp/
12)「六法」とは、憲法・民法・商法・民事訴訟法・刑法・刑事訴訟法の法典を指し、「法令集」の意味に転じました。逆に、書名に「六法」、「法令集」の文字がない法令集もあります。
13) 六法については、詳しくは『有斐閣六法の使い方・読み方』を

参照。http://www.yuhikaku.co.jp/six_laws/how_to/
14) 『第一法規 D1-Law.com『現行法規〔履歴検索〕』User Guide ［Version 1.0.4］』平成 27 年 11 月 6 日，p.5
   http://www.d1-law.com/service_info/pdf/guide_rireki.pdf
15) 国立国会図書館「リサーチ・ナビ」目次データベース
   http://rnavi.ndl.go.jp/mokuji/
16) e-Gov「所管の法令・告示・通達等」
   http://www.e-gov.go.jp/link/ordinance.html
17) 国立国会図書館「インターネット資料収集保存事業」（WARP）
   http://warp.da.ndl.go.jp/

4章 法令の解説資料を探す

4.1 はじめに

　3章の「法令の条文を探す」を踏まえて，ここでは「法令の解説」資料を紹介します。総合的・統一的体系をなしている法令は，多種多彩な法令集・法令データベース（DB）に収録されていますが，探している法令・条文がそれらの資料の検索だけでは見つけられないこともあります。「該当する条文がどの法令にあるのかわからない」，「法令が長くて条文の関係がわかりづらい」，「改正状況や施行状況が把握できない」など，法令リサーチの難問は数多くあります。そのような難問に対処する方法の一つとして，法令解説資料の利用をお勧めします。さらに法令の立法趣旨，社会的な背景成立に至る経緯など法令をより正確により深く理解するためにも，解説資料は役立ちます。ここでは法令解説に特色のある資料を紹介し，それらの探し方について実例を交えて説明していきます。

4.2 事例の紹介

〈事例〉

　介護に関わる仕事をしていますが，最近の法改正で介護士

が痰（たん）の吸引ができるようになったと聞いています。何という法令のどの条文ですか。その改正をわかりやすく説明している資料はありますか？

介護職の医療行為は医師による「医業」の独占に反するために禁止されています（医師法第17条）が，介護現場の実態は必ずしも原則どおりにはいかず，対応はさまざまであり，法制度的にも条件付きで徐々に認められる方向に進んでいるといわれています。果たして介護職の痰の吸引は業務として認められるのでしょうか。

4.3 法令情報を探す

(1) 改正された法令

改正された法令は何か？　その条文はどこか？

さっそく3章で紹介のあった総務省の「法令データ提供システム」DB[1)]の法令用語検索を利用してみます。「介護　痰　吸引」（AND）のキーワードで検索し，ヒットした5個の法令の中に「社会福祉士及び介護福祉士法」（以下「社会福祉士法」）の第2条第2項，および第48条の2から第48条の10までの中に関連の条文が見つかります。誌面の都合によりその一部ではありますが，以下に条文を掲載します。

社会福祉士及び介護福祉士法（昭和62年法律第30号）
第2条第2項　この法律において「介護福祉士」とは，第42条第1項の登録を受け，介護福祉士の名称を用いて，専門的知識及び技術をもつて，身体上又は精神上の障害が

あることにより日常生活を営むのに支障がある者につき心身の状況に応じた介護（喀痰吸引その他のその者が日常生活を営むのに必要な行為であつて，医師の指示の下に行われるもの（厚生労働省令で定めるものに限る。以下「喀痰吸引等」という。）を含む。）を行い，並びにその者及びその介護者に対して介護に関する指導を行うこと（以下「介護等」という。）を業とする者をいう。

また，上記同条同項の括弧書きにもある厚生労働省令として，以下の法令もキーワード検索で見つけることができます。

社会福祉士及び介護福祉士法施行規則（昭和62年厚生省令第49号）
　（医師の指示の下に行われる行為）
第1条　社会福祉士及び介護福祉士法（昭和62年法律第30号。以下「法」という。）第2条第2項の厚生労働省令で定める医師の指示の下に行われる行為は，次のとおりとする。
　　一　口腔内の喀痰吸引
　　二　鼻腔内の喀痰吸引
　　三　気管カニューレ内部の喀痰吸引　〔以下略〕

この条文により，医師の指示の下であれば一〜三の行為を行うことができることがわかりました。

これらの法令検索は簡単にヒットしましたが，時として法令全文からの検索はヒット件数が多く，その結果，吟味に手間取ることもあります。この事例の場合も痰をひらがな入力

するとヒットしないなど，検索に工夫を要しました。DB 検索だけではなく，Web サイト検索などを併用すると効果的です。検索エンジンのキーワード検索「介護士　痰吸引」（AND）で，厚生労働省の Web サイト「喀痰吸引等の制度について」が上位にヒットし，この結果により法令の実務的取扱いが確認できます。

(2) 改正をした法令（一部改正法を探す）

　法令条文が見つかり，「喀痰吸引」行為を行うことができることがわかりました。次なるステップはその条文を解説してくれる資料の探索です。「どのような経緯ででき上がったのか」，「背景となる社会的・経済的な動きや今後に与える影響は？」などを知るために，改正についてのリサーチを始めます。

　改正をした法令を探すためには，改正された法令が掲載されている法令集を参照するのが近道です。

　この法令は，六法の中で最も収録数が多い『六法全書』（有斐閣）にも収録はされていませんが，分野別の六法，例えば『社会福祉六法』（新日本法規出版）や『社会福祉小六法』（ミネルヴァ書房）などには収録されています。「法令データ提供システム」DB は，法令全文・法令名両方から検索ができてかつ法令を網羅的に収載しているという利点があります。

　市販の法令集・法令 DB には，法令の各条文の末尾や欄外に改正法令の法律番号が記載されている場合があります。「社会福祉士法」の第 2 条第 2 項の後に「（平成 23 年法律 72 号本条改正）」と記載されているように，この法令番号を手がかりにして，法令公布誌である『官報』や，「インターネ

ット版官報」[2]の「過去分はこちら」で，この事例の一部改正法の全文を読むことができます。2011（平成23）年3月末までなら「首相官邸」Webサイト上の「官報」[3]にも掲載されています。また国立国会図書館の「日本法令索引」DB[4]の「制定法令」タブ（一部改正法の探索はこのタブを使用）で「平成23年法律72号」を入力し，この改正法の正式なタイトルが「介護サービスの基盤強化のための介護保険法等の一部を改正する法律」であることがわかります。同画面にリンクが張られている衆議院Webサイトの「制定法律」で全文を読むこともできます。この一部改正法は，本則7条，附則52条からなり，Webサイト上でも60ページを擁し，54の法令を一度に改正している複雑大部な法令です。このような長文の法令の中から目的の改正箇所を見つけ出すのは容易ではありません。解説資料の有用性はここにも存在します。

（3） 施行状況を調べる

　ある法令・条文が今現在の時点で効力をもっているか否かを知ることは，実務の世界では特に重要です。この事例の場合も，DB検索で探した一部改正法の条文が施行されている（効力がある）かどうかを調べる必要があります。改正法の附則第1条に「平成24年4月1日から施行する」とありますが，続けて「ただし，次の各号に掲げる規定は，当該各号に定める日から施行する」とあって，施行が段階を追ってなされていたことがわかります。改正された各法令にもそれぞれ経過措置があり，本則にも特例規定があるなど，改正箇所の効力を正確に把握するのは非常に手間がかかる作業です。

　そもそも施行年月日の決め方はさまざまで，公布とともに

施行する,特定の日時に施行するなどの方法もありますが,一定の期間内に政令などに委任して決めさせる場合も多くあります。市民生活に直接関わるような新法律・改正は知識の浸透や準備期間確保のための期間が必要であり,そのため施行日の決定も弾力的になされるのです。施行日を決定する政令が公布されているかどうか調べる必要が生じるのはこの場合です。

『官報』の目録で政令部分を調べるか,「官報情報検索サービス」DB(有料)を検索して調べることができますが,適切な解説資料を読むことによって施行情報を調べることができます。そのほか,衆議院・参議院で法案成立とともに附帯決議がつく場合もあり,それらを含めて,解説資料に記載される内容は今後の方向をつかむ上で貴重な情報を提供してくれることも多くあります。

4.4 法令の解説資料

(1) 『官報』には「あらまし」が掲載される

『官報』には「本号で公布された法令のあらまし」なる記事が掲載され,新法令・改正法の要点が簡潔に記載されています。この事例の法令の場合も,平成23年6月22日号外131号,3ページに「あらまし」があり,主な改正点が掲載され,本則5条が「社会福祉士法」の改正であることがわかります。一部改正法の全体を知る上で有用です。

(2) 所管省庁のWebサイト

上記「あらまし」の記事はインターネット版「官報」の先

頭ページ（または2ページ以降）に飛ぶことで読むことができますし，同じ内容の記事が所管省庁のWebサイトに掲載されることもあります。所管省庁Webサイトにはそのほか，法令の要綱，新旧対照表，施行年月日の表など法令を理解する上で有用な情報が掲載されている場合があります。この事例に関する一部改正法については厚生労働省Webサイトに「平成23年介護保険法改正について（介護サービスの基盤強化のための介護保険法等の一部を改正する法律）」のページがあり，その中で「介護職員等によるたんの吸引等の実施について」という実務に役立つと思われる情報が掲載されています。

(3) 立法情報を探す

「日本法令索引」DBでは，法令の成立・改正などの履歴のほかに，立法時の情報を国立国会図書館の「国会会議録検索システム」DB[5]へのリンクで探すことができます。この事例のリサーチでは，平成23年5月11日衆議院厚生労働委員会における国務大臣の趣旨説明から平成23年6月15日の参議院本会議における採決に至るまでの法案審議の内容を調べることができます。「国会会議録検索システム」DBを直に利用する場合は，発言者，会議名，検索語等で検索することもできますし，会議録[6]（冊子）画像も収載しているので，テキスト画面では掲載されない資料，例えば法律案や附帯決議などを読むこともできます。法令をよりよく理解するキーポイントは，立法趣旨や国会での議論の内容にこそ読み取れるといえます。

(4) 立法担当者の解説記事を読む

　重要とされる法令の制定や改正がされたときには，図書や法律雑誌に解説・分析・批評などの記事が発表・刊行されます。それらの中で比較的短期間のうちに公表される立法担当者による解説記事があります。法令の概要，立法趣旨，実務的な細則などを知ることができる貴重な資料です。それらを探すための DB は複数ありますが，最も効率的に探すことができる DB が龍谷大学図書館の「新法・改正法解説記事書誌情報検索 R-LINE」[7]です。

　この DB の優れている点は，(a) 立法担当者の解説資料に限定して収録しているため効率的なリサーチができる，(b) 特定の法令のみでなく，特定の一部改正法も検索できる，(c) インターネット環境にあれば誰でも無料で利用できる，などであり，法令の解説記事を探すには最も簡便な DB です。この事例に関わる一部改正法の解説記事を探すためには，法令番号入力かまたは「介護　改正」(AND) のキーワードで検索をかけます。『法令解説資料総覧』(第一法規)，『時の法令』(雅粒社)，『地方自治』(ぎょうせい) の 3 誌に解説記事が掲載されていることがわかります。前 2 誌は法律雑誌の中でも特に法令の解説誌としての特色があります。『時の法令』Web サイト[8]には「時の法令検索サイト」があり，「介護保険法」OR「平成 23 年法律第 72 号」の入力で同誌に掲載された解説論文情報がわかります。

　上記の立法担当者の記事のほかには，雑誌『ジュリスト』(有斐閣) 上で改正に対応する特集として「求められる介護サービスと法の取組」が組まれています。その中で，石橋敏郎著「介護保険法改正の評価と今後の課題」など研究者の論

図4-1 「新法・改正法解説記事書誌情報検索 R-LINE」の検索結果画面(龍谷大学図書館 Web サイトより)

文を,改正から5か月後の2011年11月15日号(1433号,p.8-14)に掲載しています。新法令・新改正の解説記事を掲載している総合誌として,ほかに『法律時報』,『法学セミナー』などがあります。後述の雑誌記事 DB で検索できます[9]。

(5) 逐条解説書(コンメンタール)を利用する

法令の解説書として特徴的な資料があります。「コンメンタール」,「注釈」,「条解」,「注解」などのタイトルが付されている資料です。タイトルに特に記してはいなくても,同様の編集がなされている単行本・雑誌もあります。概説書や教科書と違う点はその編集形態で,通常法令条文順に編集され,各条文の立法趣旨や成立の経緯,社会的背景などの記述のほ

か，関連の判例や相対する学説などがあればそれらの記載がされています。新法や法改正に対応しているかどうかをチェックするために，図書や雑誌の刊行年のわかる奥付や内容現在の記載を調べましょう。

この事例の場合は，介護職による痰の吸引が医師法に違反しないかどうかの問題でもあります。刑法の特別法をまとめて解説している『注解特別刑法』(青林書院新社) 5巻1・2の医事・薬事編に医師法のコンメンタールがあり，該当の条文は以下のとおりです。

第17条　医師でなければ，医業をなしてはならない。

この巻は1992年版が最新で，今回の改正を反映してはいませんが，医師法の基本的な解釈を読むことはできます。概説書，教科書の新刊版で補てんをすれば最近の動向を調べることもできます。注10) に示した医事法の教科書を開き，巻末の事項索引で「喀痰吸引」のキーワードを調べることによって，「医療・福祉関係者の資格に関する法規」の章の中に「社会福祉士及び介護福祉士法」の簡単な法令解説を見つけることができました[10]。

なお，刑法分野では一般法と特別法が別々のコンメンタール体系として発刊されていますが，民法分野では，有斐閣の『注釈民法』に見られるように，一般法である民法のみでなく，対応する特別法の注釈も収録されています[11]。改版を重ねて現行法を反映させているのは，雑誌形式で刊行されている日本評論社の『基本法コンメンタール (別冊法学セミナー)』(現在，『新基本法コンメンタール』として継続) で，民法，会社

法,刑法などの主要な法令の解説がそれぞれ個別に刊行されています。より早く法改正に対応するコンメンタールとして同社の『インターネットコンメンタール』があります。民法・刑法・民事訴訟法・刑事訴訟法・会社法編があり,関連法令や判例へのリンクがあり,更新は年1回です。

この事例の「社会福祉士法」の改正に対応した総合的なコンメンタールはありませんが,以下の (i) の図書で改正法の全体を把握し,(ii) の図書で参考資料が読めます。これから紹介する各種DBの検索でヒットします。

(i) 『速報!改正介護保険法——平成24年4月からの介護保険はこう変わる』(中央法規出版,2011)
(ii) 『介護サービスの基盤強化のための介護保険法等の一部を改正する法律案(内閣提出第50号):参考資料』(衆議院調査局厚生労働調査室,2011)

一橋出版より『～法の解説』なるタイトルの小型本がシリーズで刊行されていましたが,介護保険法について最新版は2004年です。ネットスクール出版の法律解説シリーズに引き継がれました。

4.5 法令の解説記事の検索方法

以上数種の法令解説の図書・雑誌を紹介しましたが,それらの資料の検索方法について説明します。検索データベースとして4.4 (4) で「新法・改正法解説記事書誌情報検索R-LINE」を紹介しましたが,ほかに利用できるDBについて説明します。

(1) 雑誌記事の DB で探す

　法令の解説記事は，全分野を対象として収録されている雑誌記事 DB でも検索できます。学術論文の検索のための DB である国立情報学研究所（NII）の「CiNii Articles」[12]を利用し「介護　たん　吸引」（AND）のキーワード検索をかけると，改正法について書かれた論文を探し出すことができます。また連想検索のできる「Webcat Plus」DB[13]で，関連キーワードを見つけて，別の検索（例えば「介護　医行為」のキーワード検索）を試みると，以下のような学会発表での論文を見つけることもできます。

　第 33 回医事法学会研究大会記録：シンポジウム／「いま，医行為を問い直す―静注，気管挿管，喀痰吸引」（日本医事法学会編『年報医事法学』日本評論社，第 19 号，2004）

　介護現場では法改正に対応するためにこの分野の書籍や論文が量産されていますが，多少過去のものであっても，以上の論文のようなターニングポイントとなる重要な論文をおさえておくことも，全体をとらえる意味で必要な場合もあるでしょう。

　雑誌記事を検索する DB は，ほかに国立国会図書館の「国立国会図書館サーチ」DB[14]があります。本，記事・論文，デジタル資料，立法情報なども同時に検索できるのが特徴で，同館の所蔵のほかに都道府県立などの公共図書館の蔵書も検索できます。検索結果でヒットした資料を読むためには国立国会図書館で閲覧する，コピーを依頼する，所蔵しているほかの図書館を利用するなどの方法があります。

(2) 法律関係有料DB，分野別有料DBを利用する

　法情報検索のための有料DBがあります。第一法規の提供する「D1-Law.com」DBの「法律判例文献情報」は，法律関係の図書・雑誌論文・記念論文集収録の論文・署名入り新聞記事が検索できます。印刷体の『法律判例文献情報』も継続して刊行されています。法令・判例・文献を統合する同DBは法令の条文ごとの履歴検索もでき，関連文献の情報も調べることができます。文献本文が読める場合もあります。この事例の場合，現行法規検索で「社会福祉士法」を特定し，関連文献の中から2011（平成23）年の改正に関する解説資料を選択することができます。採録は網羅的ではありますが，1982年以降の記事に限られ，収録にもタイムラグがあります。

　日本評論社の「法律文献総合INDEX」DBでは，同社発行の『法律時報』誌の巻末に掲載された文献月報と判例評釈の書誌情報が収録されています。同社は法律図書・法律雑誌の老舗出版社で法文献の情報を長年継続して提供してきており，戦前からの法情報も調べることができるのが特徴です。

　医学・医療関係では医学中央雑誌刊行会が国内医学論文DB「医学中央雑誌」を作成しており，「医中誌Web」（法人向け），「医中誌パーソナルWeb」（個人契約）というサービスを有料で提供しています。この事例の探索でも，前述「CiNii Articles」DBで検索した結果，「医中誌Web」DBへリンクする論文も数多くあります。医学関係の定期刊行物約5,000誌から900万の論文情報を収録しており，書誌だけでなく，抄録の記載もあり，オンラインジャーナルにリンクする論文もあります。また㈱ジー・サーチが提供する有料の「JDream Ⅲ」の「JMEDPlus」DBは，医学・薬学・看護系の文献情報

を収録しています。収録件数は現在約 662 万件で，毎年約 37 万件を新たに収録しています。学術誌・学会誌，研究報告，会議論文集から一般情報誌まで採録も広く，抄録の記載もあります。

4.6 新聞情報を利用する

　新法令や法改正の公布は『官報』に掲載され，同時に「インターネット版官報」でも読めますが，次に速報性のある情報は新聞記事です。すべての法令が記事として取り上げられるわけではありませんが，重要な新法令や改正法の多くは成立の経緯から賛否両論を加えて解説記事が掲載されます。多くの新聞が検索機能をもつデジタル版も発信しており，過去の記事を入手することも容易になりました。本事例についても全国紙のほとんどが解説記事を掲載しており，改正に至る社会的背景などもわかり，時系列順に並べてみると問題がどのような法的経過をたどっているかを知ることができます。
(例)
・「介護職の医療行為禁止，法規定，現場と隔たり」(『朝日新聞』朝刊, 2008-10-04)
・「介護職員のたん吸引 12 年度の実施厚労省目指す」(『朝日新聞』朝刊, 2010-12-14)
・「訪問介護 24 時間対応　改正法成立, 来春に施行」(『読売新聞』夕刊, 2011-06-15)
・「介護保険見直し 15 年度めど, 医療分野改革 17 年度までに社会保障改革の法案骨子」(『朝日新聞』朝刊, 2013-08-10)

以上，事例に沿って改正・被改正の法令の調べ方から入って，法令解説資料の特徴，DBでの検索のしかたについて紹介しました。法令解説の資料は『官報』，新聞の解説記事，コンメンタール，教科書・学術書，雑誌の記事・論文等の形で公表・出版され利用されています。それらの情報は適切なDBを選択することによって，効率的に調べることができます。また各省庁，国立国会図書館等による法令情報DB・会議録DBも情報の集積のもと，使いやすさの工夫もされてきていますので，法令を理解するための有益な資料となります。調べる対象に沿ったツールを適宜選択して，効率的なリサーチを進めてください。

注
1）「法令データ提供システム」http://law.e-gov.go.jp/
2）インターネット官報サイトでは法律・政令・条約・府省令の全文が読めます。https://kanpou.npb.go.jp/
3）首相官邸サイト上の「官報」では法律・政令・条約の全文が読めます。http://www.kantei.go.jp/jp/kanpo/index.html
4）「日本法令索引」http://hourei.ndl.go.jp
5）「国会会議録検索システム」http://kokkai.ndl.go.jp/
6）『衆議院会議録』『参議院会議録』『衆議院委員会会議録』『参議院委員会会議録』
7）龍谷大学図書館「新法・改正法解説記事書誌情報検索 R-LINE」http://www.ryukoku.ac.jp/apps/opac.lib.ryukoku.ac.jp/rline/
8）『時の法令』Webサイト　http://garyusha.com/modules/bulletin/
9）詳しくは，いしかわまりこ［ほか］著『リーガル・リサーチ　第4版』日本評論社，2012，p.124-125
10）前田和彦著『医事法講義（新編第2版）』信山社，2014，p.57-59

11) 例として『新版注釈民法 15』債権（6）には利息制限法，借地借家法などの注釈も収録されています。
12)「CiNii Articles」http://ci.nii.ac.jp/
13)「Webcat Plus」http://webcatplus.nii.ac.jp/
14)「国立国会図書館サーチ」http://iss.ndl.go.jp/

5章 通達・告示等を探す

5.1 はじめに

　この章の目的は，2章「法体系」で紹介された「法令のように見えて，法令でないもの」の調べ方について説明することです（以下，これらを総称する場合には「通達等」と記すことにします）。これらは，「国民（住民）の権利義務にかかわる定め」という意味の法令ではなく，「公務員に対して出される命令やマニュアルといったもの」，あるいは，「国民に向けられたものであっても，単なる事実の告知のようなもの」を指しています。

5.2 「通達等」の形式

　まず，通達等のイメージをつかむために，具体例を見てみましょう。図5-1は国税庁の「法令解釈通達」ですが，①文書記号・番号，②文書日付，③文書の宛先，④発令機関（発令者）名，⑤題名，⑥本文から成っています。

(1) 文書記号・番号（図5-1の①）

　通達・訓令・通知に付される「文書記号」は，これらの所管となる各府省の部局課名を表しています。図5-1①の「課

個」や「課審」のように略称で示され,「課個」は「国税庁課税部個人課税課」,「課審」は「国税庁課税部審理室」の略です。文書記号の記載方法は府省によりさまざまですが,分野別六法や通達集の凡例の部分に略称の説明が掲載されることがあります。なお,通達等が同一府省の複数部局または複数府省により共同で発令される場合には,所管の機関ごとに文書記号・番号が付されます。例えば,文部科学省研究振興局長と厚生労働省雇用均等・児童家庭局長が共同で出した通知の場合には,文書記号・番号は「22文科振第491号／雇児発1217第1号」(平成22年に発出された文化振第491号,平成22年12月17日に発出された雇児発第1号の意味です)等と表されます。

国の行政機関による告示は,「府省名・告示・番号」で示され,「国土交通省告示第七百六十五号」等と表されます。告示の番号は,法令と同様に,年ごと・公布順に付されます。

また,地方自治体(地方公共団体)が発令する場合には,「告示第〇号」,「訓令第〇号」等とされるのが通常です。

「文書番号」については,掲載される資料により漢数字と算用数字のいずれも使われ,どちらで検索するかにより検索結果が異なる場合があります。例えば「基発第0424001号」を検索する場合,数字の表記については「0424001」と「〇四二四〇〇一」がありえますが,どちらの表記を用いても検索結果に含まれるように,「OR検索」を行う必要があります。

(2) **文書日付**（図5-1の②）

文書日付は調査対象を絞り込むためには重要な情報です。

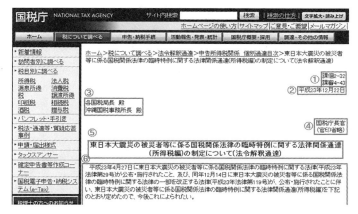

図 5-1　国税庁による法令解釈通達（一部省略）の例
（ただし，□の囲み，数字は筆者が追加）

　注意点は，法令の改正や廃止があるのと同様に，通達等も改正や廃止がなされることです。発令時のものを見たいのであれば，発令された当時の文書日付で検索を行います。一方，最新の法令解釈や運用方針を確認したい場合には，最新の改正が反映されている通達等を見ることになります。どの時点の通達等を入手すべきか確認した上で，後に説明する方法で検索を進めていく必要があります。

(3)　文書の宛先（図 5-1 の③）

　通達・訓令・通知には，発令する宛先である下級行政機関等が記載されます。この情報も調査の際の手がかりとなるものです。なお，通達や訓令は上級行政機関が下級行政機関に出すものであることから，下級行政機関も情報を保持してい

る場合があります。社会福祉関連の通知等,住民や事業者等に密接に関連するものについては,地方自治体のWebサイトに掲載されることもあります[1]。また,通知は,文書の宛先である自治体や業界団体等から情報が発信される場合もあります。

(4) 発令機関（発令者）名（図5-1の④）

発令機関である府省の名称は,組織改編により変更されている場合があります。特に大規模な改編が行われた2001年以前の通達等を調べる場合には,府省名や部局名についても現在のものとは異なる可能性が高いです。例えば,大蔵省→財務省,通商産業省→経済産業省等です。調査を依頼される際には現在の府省名で伝えられる場合もあると思いますが,発令年度によってはキーワードを旧府省名に変更するなどの工夫が必要でしょう。

府省名の変遷を見るには,国立公文書館Webサイトの「省庁組織変遷図」[2]が便利です。通達等を発令する部局課名についても,関連府省のWebサイトの組織編成を確認することにより,正確な名称を得ることができます。

(5) 題名（図5-1の⑤）

通達等の題名はさまざまですが,次のような言葉が付されます。要綱[3]・要領には,「開発指導要綱」,「補助金交付要綱」,「事務処理要綱」,「実施要綱」,「取扱要領」,通達・通知には,「運用について」,「改正について」,「取扱いについて」,取扱規程,告示には,「○○を定める件」,「改正する件」,「公示（公告）する件」,「許可する件」,実施規程,指

表 5-1 題名と発令形式が異なる例

「〇〇市危機管理対策会議設置要綱」 　（平成 24 年 4 月 6 日〇〇市訓令第 6 号） 「金融分野における個人情報保護に関するガイドライン」 　（平成 21 年 11 月 20 日金融庁告示第 63 号）

針には,「ガイドライン」,「運用指針」,「行政指導指針」等です。

なお,1945 年頃までは,通達を「通牒」と称していました。例えば,「自弁物品取扱規則施行ニ関シ注意ノ件」(昭和 3 年 3 月 9 日付け司法省行甲第 368 号行刑局長通牒) 等です。古い通達を調べる場合には,キーワードに注意しましょう[4]。

また,表 5-1 の例のように,題名部分の「要綱」や「ガイドライン」という名称と発令形式が異なる場合も多いため,調査の際には注意が必要です。

5.3 「通達等」の調べ方

さて,通達等の形式を押さえた上で調査を始めることになりますが,実際の調査の場面では,通達か要綱かなどを厳密に区別しなくても調査を進めることができます。その理由は二つあります。一つは,要綱や指針は告示,訓令,通達や通知という形で出されることもあるからです。もう一つは,調査対象資料においては,要綱,通達,告示や指針が一緒に掲載されていることが多いからです。

そこで,通達等の調べ方については,まとめて説明することにします。

(1) 国から出されるものの調べ方

国の行政機関から出される通達等を調べるには、各府省Webサイトまたは「電子政府の総合窓口 e-Gov」[5)]の「所管の法令・告示・通達等」にまずあたってみましょう（図5-2）。

図5-2　電子政府の総合窓口 e-Gov「所管の法令・告示・通達等」

後者のページには，各府省所管の法令・告示・通達等へのリンク一覧が掲載されています。ただし，上記ページからはリンクが張られていなくても，府省のWebサイトには通達等が掲載されていることもあります。したがって，関連府省Webサイトをチェックすると同時に，「e-Gov」の「行政機関等ホームページ検索」を試す必要があります。

　府省Webサイトや「e-Gov」に掲載されているのは通達等の一部です。ここに掲載されていない通達等については，加除式資料の『基本行政通知・処理基準』（ぎょうせい），関連する法分野について毎年刊行される「分野別六法」や「通達集」[6]が役に立ちます。国が提供するものではありませんが，特定分野の通達等の情報がまとめられているサイトも参考になるでしょう[7]。

　通達等の改正・廃止については，国税庁Webサイトの「法令解釈通達」や国土交通省Webサイトの「告示・通達データベースシステム」のように，改正履歴情報が提供されている場合もありますが（図5-3），すべての府省においてではありません。また，府省Webサイトや通達等の検索ページにおいて，廃止・改正されたものが廃止・改正前の状態で掲載されていることもあります。その時点での情報を得るには便利ですが，その後の廃止や改正の情報が付記されていないこともあり，最新情報を入手したい場合には注意が必要です。このような場合には，改正の有無，改正時の文書番号や日付について，複数資料で確認することが望ましいでしょう。なお，過去の分野別六法や通達集は，ある時点で有効であった通達等の保存資料でもあり，過去のある時点での通達等を調べるには便利です。例えば，これらの資料に掲載されている

○国土交通大臣が設置し、及び管理する空港の使用料に関する告示

（昭和四十五年三月二十四日
運輸省告示第七十六号）

改正　昭和五〇年　八月一一日運輸省告示第三四〇号
同　五二年　七月　六日運輸省告示第三四五号
同　五三年　八月一九日運輸省告示第四二二号
同　五四年　三月三一日運輸省告示第一七六号
同　五四年一二月一一日運輸省告示第六九四号
同　五五年　四月二一日運輸省告示第二一二号
同　六一年　九月一〇日運輸省告示第四一一号
平成　元年　二月二三日運輸省告示第　七七号
同　八年　五月一一日運輸省告示第三〇三号
同　九年　三月一八日運輸省告示第一三七号
同　九年一二月一九日運輸省告示第七五八号
同　一一年　三月二五日運輸省告示第一六四号
同　一二年　六月二六日運輸省告示第二六〇号
同　一五年　三月二〇日国土交通省告示第二五四号
同　一六年　七月　七日国土交通省告示第七八五号
同　一七年　八月一〇日国土交通省告示第八六〇号
同　一九年　二月一五日国土交通省告示第二〇九号
同　二〇年　三月一三日国土交通省告示第三〇二号
同　二〇年　六月一八日国土交通省告示第七五六号
同　二二年　三月三一日国土交通省告示第二八三号
同　二二年九月二二日国土交通省告示第一〇六一号
同　二四年　三月三〇日国土交通省告示第三七四号
同　二四年　六月二九日国土交通省告示第七六四号

空港管理規則（昭和二十七年運輸省令第四十四号）第十一条の規定に基づき、運輸大臣が設置し、及び管理する公共用飛行場の使用料に関する告示（昭和三十五年運輸省告示第百四十七号）の全部を次のように改正し、昭和四十五年四月一日から適用する。

図 5-3　告示の改正履歴の例（国土交通省 Web サイトより）
（ただし，□の囲みは筆者が追加）

通達について，発令された当時の通達を見たい場合には，発令年度またはその翌年くらいの法令集を見ることになります。

ところで，告示は「国民に対するお知らせ」であるため，『官報』において公表されます。告示（告示として出された要綱や指針を含む）を調べる場合には，『官報』を見るのが確実です。また，国立国会図書館の「日本法令索引」[8]では，2004年8月以降に有効であった主な告示，訓令について，索引情報を検索することができます。なお，国の行政機関による訓令については『官報』に掲載される場合がありますが，通達や通知，要綱や指針は『官報』には掲載されません。ただし，厚生労働省や農林水産省により出される指針のように，一部の指針については『官報』の「官庁報告」に掲載されることがあります。

(2) 地方自治体から出されるものの調べ方

地方自治体の訓令や要綱を調べる場合には，まず自治体の公報または自治体Webサイト[9]の「例規集」等（図5-4）を確認しましょう。近年では，自治体Webサイトにおいて，条例や規則だけでなく，要綱の一部を公表する自治体も徐々に増えてきています（図5-5）。要綱を公表している自治体であれば，当該自治体Webサイトで提供されている「例規集」等から，その自治体が発令した要綱が見られる場合もあります。

告示は，地方自治体の場合にはその自治体の公報に掲載する方法により行われるのが通常です。したがって，地方自治体による告示は，その自治体の公報で見ることができます。公報は，通常は当該自治体の図書館で保存されています。ま

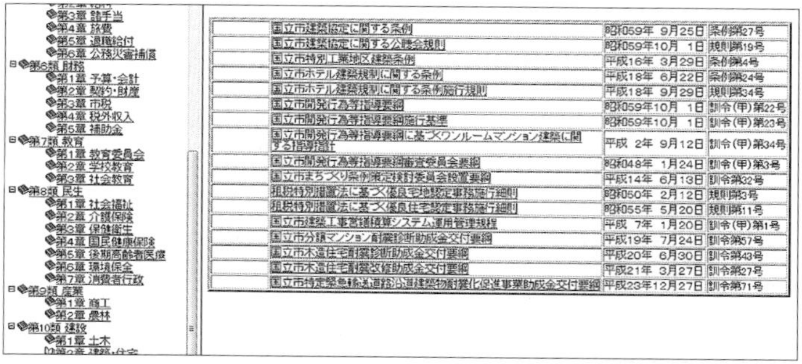

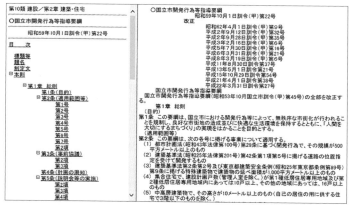

図 5-4 地方自治体の Web 例規集の例（国立市例規類集）[10]

図 5-5 「国立市開発行為等指導要綱」（国立市例規類集より）[10]

た，自治体 Web サイトで公開される場合もあります。

(3) 目次・索引の利用

これまで紹介してきた資料で通達等の調査を行う際，発令

機関の名称が判明していると調査を進めやすいでしょう。もし発令機関がわからなくても，判明している情報から関連する法分野を特定し，関連府省を絞り込むことはできます。

さらに，法分野の絞り込みが難しい場合であっても，通達等の情報が掲載されているデータベースや索引を利用する方法があるのでご紹介します。国立国会図書館の「目次データベース」[11]では，法令集や法令解説資料の中で，目次に通達等を掲載している資料を中心として収録がされています。通達等の名称や発令機関・日付等の情報が目次に含まれている場合には，それらをキーワードにした検索ができ，有用なツールです。

また，通達等が掲載されている専門雑誌を調査する方法もあります。この場合，国立国会図書館の「雑誌記事索引」[12]または国立情報学研究所の「CiNii Articles」[13]が便利です。通達等が出された年に専門雑誌に掲載されることが多いため，件数が多い場合には年月日で絞り込む方法があります。

(4) 情報開示請求

法令とは異なり，通達等は必ず公開されているものではなく，見つからない場合も多いのが実情です。上記の調査の結果，調査対象である通達等が見つからない場合には，通達等の発令機関が特定できていれば，「行政機関の保有する情報の公開に関する法律」に基づき情報開示請求を行うこともできます。地方自治体の発する通達等についても，各自治体の「情報公開条例」により，情報開示請求を行うことができる場合もあります。

5.4 おわりに

　通達等の調査を行う上では,それらが掲載される資料についての知識が必要となります。また,インターネット上の膨大な情報の中から,目的とする法情報の手がかりを得るためには,的確なキーワードの選択や検索結果を絞り込む技術も必要です。さらに,基本的な法律知識を調査に生かすことが,法情報の発見につながることもあります。

　例えば,2章で見てきたように,訓令や通達は上級行政機関から下級行政機関へと伝えられる指示や命令です。この説明から,命令を出す側(上級行政機関)だけでなく,受け取る側(下級行政機関)も情報をもっていることへの推測が働き,受け取る側の地方自治体からも多くの情報が発信されていることを発見できるのです(2章2.3を参照)。

　このように,法律用語の意味,法分野,法制度,行政組織のしくみなどに関する基本的な知識は,法情報調査を進めていく上でも重要となるものです[14]。これらは,法令や通達等の調査においてだけでなく,判例や行政情報などの法情報調査においても,さまざまな手がかりを与えてくれるでしょう[15]。

注

1) 三重県「三重県介護保険制度改正リンク集」http://www.pref.mie.lg.jp/CHOJUS/HP/kaisei/, 茨城県「薬事行政法令・通知情報」http://www.pref.ibaraki.jp/bukyoku/hoken/yakumu/yakujiinfo/tuutilist.htm 等
2) 国立公文書館「省庁組織変遷図」http://www.digital.archives.go.jp/hensen/

3）「要綱」と呼ばれるものとしては，法律案の内容を要約した「法律案要綱」もあります。その法律案を提出した府省のWebサイトに掲載されていることが多いです。
4）通牒は国立公文書館「国立公文書館デジタルアーカイブ」（http://www.digital.archives.go.jp/）から検索できる場合があります。
5）総務省「電子政府の総合窓口e-Gov」http://www.e-gov.go.jp/
6）『登記関係先例集』（テイハン），『労働基準法解釈総覧』（労働調査会），『安全衛生通達要覧』（中央労働災害防止協会）等
7）中央労働災害防止協会「安全衛生情報センター」（http://www.jaish.gr.jp/），社団法人全日本不動産協会「通達・告知」（http://www.zennichi.or.jp/fudousan_kanren/fudousan_kanren_list.php）等
8）国立国会図書館「日本法令索引」
 http://hourei.ndl.go.jp/SearchSys/
9）自治体Webサイトや，例規集へのリンク集としては「洋々亭の法務ページ」（http://www.hi-ho.ne.jp/tomita/）があります。
10）国立市「国立市例規類集」
 http://www.city.kunitachi.tokyo.jp/soumu/d1w_reiki/reiki.html
11）国立国会図書館「目次データベース」
 http://rnavi.ndl.go.jp/mokuji/
12）国立国会図書館「雑誌記事索引」https://ndlopac.ndl.go.jp/
13）国立情報学研究所「CiNii Articles」http://ci.nii.ac.jp/
14）1章「法情報の世界」参照。
15）法律用語を調べるには，『有斐閣法律用語辞典』や『法律学小辞典』（有斐閣）などの法律用語辞典が便利です。また，『確認行政法用語230』（成文堂）や『自治体職員のための法令キーワード辞典』（第一法規出版）のように行政法の分野を対象とした辞典もあり，通達等の用語を調べるのに適しています。さらに，法令や通達等に関する詳しい解説は，「行政法」の教科書の事項索引から該当箇所を読むことにより得ることが可能です。基本的な法律知識についてインターネット上で解説したものとしては，齊藤正彰＠北星学園大学「法情報学講義」http://www.ipc.hokusei.

ac.jp/~z00199/ が有用です。法律の知識とその調べ方をわかりやすく解説したものとしては,吉田利宏・いしかわまりこ『法令読解心得帖』(日本評論社,2009)があります。

6章 法律はどうつくられるか
——立法過程から立法情報を探す

6.1 はじめに

「3章 法令の条文を探す」と「4章 法令の解説資料を探す」において示されたように、法令の文言を理解するためには、立法の趣旨、立案の過程や国会における議論の内容を知ることが不可欠です[1]。それを知るために必要な、法令の制定過程において発生する情報・資料(以下「立法情報」という)の探し方が本章のテーマです。

法令には国の法律、政令、省令等、地方自治体(地方公共団体)の条例、規則等がありますが(「2章 法体系」参照)、この章では、法律の立法過程とそこで発生する立法情報を概観します。具体例として、平成24年の「著作権法の一部を改正する法律」(以下「著作権法一部改正法」という)、とりわけ違法ダウンロードの刑事規制を例として、内閣提出法律案の重要な立法情報を探します[2]。

6.2 法律の立法過程

法律は、「国の唯一の立法機関」(日本国憲法第41条)である国会の議決により成立するので、立法過程は、厳密には衆議院または参議院に法律案が提出されることにより始まりま

す。法律案の提出権は両院の議員と委員会および内閣に認められており、前者は議員提出法律案、後者は内閣提出法律案といいます。提出される法律案の 60〜80 %、成立する法律の 80〜90 %が内閣提出法律案で、わが国では法律案の完全性・完結性が求められ、国会における修正率が高くないことから、内閣提出法律案の立案・発案が決定的な影響をもつことが少なくなく、立法過程の中で内閣提出法律案の立案過程がもつ意味合いが大きい、と指摘されています[3]。

(1) 内閣提出法律案の立案過程

内閣提出法律案の場合は、所管省庁が関係省庁と調整の上、省庁原案を作成し、内閣法制局の予備審査、審議会諮問、閣議決定を求める最終案についての内閣法制局本審査、政府与党調整（説明・審査）を経て閣議決定が行われ、国会に提出されます[4]。

(2) 議員提出法律案の立案過程

議員提出法律案は、各政党の政策調査機関、超党派の議員が政策実現のため結成した議員連盟等が主導して立案されます。最近は、市民団体が主導して原案を作成し、議員提出法律案として提案される「市民立法」というルートも開かれつつあります[5]。立案にあたっては、両院の議院法制局が、立法趣旨の明確化、大綱・骨子等の法律案の基本的な枠組みの作成、法律案要綱の作成と条文化等を直接補佐します。委員会提出の場合は、小委員会が設置されて法律案を起草することもあります[6]。

(3) 法律案の国会審議過程

　内閣提出法律案は，議案として衆議院または参議院の議長あてに提出され，予備審査のために他の院にも送付されます。

　議員提出法律案の場合は，一定数の賛同を得た上で議員から，または委員会委員長から，所属する院の議長あてに提出されます。議長は，所管する常任委員会ないし特別に設置した委員会に法律案を付託します。付託前に本会議での趣旨説明と質疑が行われる場合もあります。

　委員会では，法律案の趣旨説明，質疑・討論の後，採決が行われます。有識者，利害関係者，一般国民から選任された公述人による公聴会を開催したり，参考人を招致して意見を聴取する場合もあります。委員会提出の場合は委員会の審査が省略されることがあります[7]。

　法律案の修正は原案を修正する動議であって，法律案の提出ではありませんが，議員提出法律案と同様に議院法制局の補佐を受けて，修正案要綱，新旧対照表，案文の作成が行われます。また，採決にあたって，政府に対する要望や意見として「附帯決議」が付されることがあります。

　可決・修正議決された法律案は，委員会の審査報告書とともに本会議に送付され，本会議では，委員会の審査報告を受けて質疑・討論を行い，採決されます。

　可決された法律案は，他の議院に送付され，前議院と同様の手続により審議が行われます。前議院と同一内容の法律案が可決されたときは，これにより法律が成立します。修正議決された場合は，修正議決された法律案が前議院に返付され，それが可決されたときに初めて成立します。

　他の議院により否決されたときは不成立となりますが，衆

議院に優越が認められており、衆議院が送付した法律案を参議院が否決したとき、あるいは参議院の修正に同意しないときは、衆議院は出席議員の3分の2以上の再議決により、衆議院が可決した法律案を法律とすることができます[8]。

6.3 立案過程の重要資料・情報

(1) 政策課題の研究調査報告書

内閣提出法律案の場合、法律案の作成に先立ち、各省庁内部、各種審議会や私的諮問機関において、対象となる政策課題の把握のための実態調査や外国の制度との比較等、法制度改革のための調査研究が行われることが多く、政策課題の研究調査報告書や実態調査が各省庁Webサイトの「政策欄」に掲載されます。参考資料として審議会に提出されたり、関係団体による委託調査として行われることもあり、それらへの目配りも必要です。

(2) 審議会・私的諮問機関の会議資料

各種審議会においては、利害関係者の意見聴取、学識経験者や専門家による論議により、問題点の整理が行われ、各省庁で作成された法律案要綱の検討が諮問されることもあります。いずれも法律の背景を知るために重要なものです。審議会の議事録や会議提出資料が各省庁Webサイトの「政策欄」に掲載されます。審議会報告書では議論が再現されることはないので、貴重なものとなります[9]。法制度改革のために特別の委員会を設置したり、独自に調査を行う場合もあります。

(3) パブリックコメント（意見公募手続）

　法律案の立案においても，審議会で検討されている報告書（案）や法律案要綱について一般の意見を聴取する場合があります[10]。ただし，その募集および意見の取りまとめは各省庁に委ねられており，審議会の会議資料として発表されるのみで，内閣府の「パブリックコメント・意見募集」（「電子政府の総合窓口 e-Gov」へのリンク）[11]からはアクセスできない場合もあります。立案関係の資料・情報の詳細は，「政策課題の研究調査報告書」，「審議会・私的諮問機関の会議資料」も含め，本書「7章　行政機関が発する法情報を探す」を参照してください。

(4) 内閣法制局予備審査文書

　法律案の省庁原案に対する内閣法制局の予備審査は，法律の趣旨目的，立法の必要性，関連法規との関係の整理，法律として盛り込むべき事項，条文等全般にわたり，法律案を理解する上で大変有益なものです。2001年4月からは，内閣法制局の予備審査内容は，行政機関情報公開法に基づく情報公開請求により入手することができます[12]。

6.4 立法過程の重要資料・情報

(1) 法律案
a) 法律案

　法律案が議案として各院の議長に提出されると，提出者が内閣の場合は「閣法」，議員の場合は，衆議院議員が提出したものは「衆法」，参議院議員が提出したものは「参法」と

呼ばれ，提出された国会の回次ごとに通し番号が付されます。

本会議と委員会において議題となった法律案は会議録と委員会議録（参議院は「委員会会議録」。以下「委員会議録」で統一）に全文掲載されますが，未だ議題とされていないものや議題とされないまま審査未了・廃案となったものは会議録や委員会議録に掲載されないため，内容を知るには法律案そのものにあたる必要があります。なお，修正後の法律案は修正前の法律案とともに会議録と委員会議録に掲載されます。

b) 法律案の検索

法律案の審査の過程で発生する情報・資料を検索するための手がかりとなるのが，調査の対象となる法律案が提出された国会の回次，法律案の種別と提出番号，成立した法律の名称，法律番号と公布年月日です。

国立国会図書館 Web サイトの「日本法令索引」データベース（DB）[13]の「法律案」検索で件名検索すると，対象となる法律案の一覧が表示されます。選択した法律案の「審議経過」を参照すると，①法律案の提出回次，種別，提出番号，提出者，提出年月日，②制定法律名，公布年月日，法律番号が表示されます。

衆議院 Web サイトの「立法情報」[14]中の「議案情報」には，回次ごと，法律案の種類ごとに，その「審議経過情報」と法律案の法文（国会で修正が行われたときはその修正案）が掲載されます。

衆議院法制局 Web サイトの「衆法情報」[15]には，衆議院議員提出法律案と衆議院修正案の一覧（法案・修正案，概要・要綱・対照条文等の関係資料，審議経過）が掲載されています。参議院法制局 Web サイトの「参議院議員提出法律案」[16]でも，

会期単位で参議院議員提出法律案と修正案の一覧（法案，修正案，要綱，新旧対照表，審議情報）が参照できます。

(2) 会議録，委員会議録

国会における審議の経過を知るための主な資料には，本会議と委員会の審議の記録である会議録と委員会議録があります[17]。

a) 会議録

本会議の審議は「会議公開の原則」により，その記録の保存・公表・一般への頒布が義務づけられ（日本国憲法第57条），『官報』号外として刊行されています。衆議院では，議案の発議，提出，付託，送付，回付および撤回に関する事項，参議院では「すべての議事を記載」するとされ，会議に付された案件およびその内容について，会期ごとに目次，議案名から検索できる案件名索引と発言者索引が付与されています。

b) 委員会議録

委員会の審議は「会議公開の原則」の対象とはならず，原則として非公開と解されているため，紙媒体の委員会の会議録は，議員に対しては印刷・配付されますが，一般への頒布は制約されています[18]。両院協議会，合同審査会，連合審査会，公聴会，分科会，小委員会等の会議録も委員会議録と同様に作成されています。現在は，国立国会図書館の「国会会議録検索システム」DB[19]により，帝国議会開設以来の会議録と委員会議録を無償で入手することができます。

c) 会議録・委員会議録の検索

「日本法令索引」DBは「国会会議録検索システム」DBのテキスト情報を収録しているので，「審議経過」を表示する

と，会議録索引情報として，国会の回次，審議した院と会議名，開催日，会議録の号数と掲載ページ数，審議の内容（趣旨説明，議案，質疑，採決，附帯決議，委員長報告，審査報告書，投票者氏名）が表示され，会議録のどこに何が掲載されているかを知ることができます。

ただし，テキストが表示されるのは，会議の出席者氏名や質疑応答の部分のみであるため，趣旨説明，質疑，討論，採決，委員長報告以外の，議案，附帯決議，審査報告書，投票者氏名等を確認するためには，院・会議の種類・会議録の号数を確認した上で，「国会会議録検索システム」DB により，期間，発言者氏名，会議名，検索語（キーワード）を指定して検索し，これらが掲載されている「会議録（冊子）画像」を表示する必要があります。また，「国会会議録検索システム」DB の「追録・附録・目次・索引検索」により，国会の回次，院名，会議名を指定してその画像を検索することができます。

(3) 法律案参考資料

委員会審議の参考のために委員会に提出される資料として，法律案参考資料があります。

a) 所管省庁が作成する法律案参考資料

内閣提出法律案については，提出された法律案の所管省庁が，国会の審議の参考のために法律案参考資料（いわゆる「5点セット」（法律案・提案理由の説明・法律案要綱・新旧対照条文・参照条文））を作成して，法律案が付託された委員会に提出します。過去においては，委員会の内部資料として公開されない場合が多かったのですが，最近では，各省庁の Web サイトにおいて，所管の法律や国会提出法律案の関係資料として，

同じ内容のものが掲載されています。内閣法制局Webサイトの「最近の法律・条約（件名）」[20]の「バックナンバー・内閣提出法案一覧」の「法律案名」と「主管省庁」をクリックすると、それぞれの法律案の「提出理由」、各省庁の法律案Webサイトの「5点セット」にアクセスできます。

b) 国会が作成する法律案参考資料

衆議院調査局の調査室および参議院の委員会調査室も、付託された法律案についての参考資料を作成し、議員に提供しています。衆議院調査局の最近の法律案参考資料は、国立国会図書館議会官庁資料室が所蔵・公開しており、国立国会図書館の蔵書検索（NDL-OPAC）や「国立国会図書館サーチ」により、法律案の正式名称で検索することができます。

6.5 審議経過を知るためのその他の資料・情報

(1) 審議経過を知るために

法律案が審議された国会の回次と法律案の提出番号を知っていれば、会議録を参照しなくても、法律案の審議経過を知ることができる資料として、国会の回次ごとにまとめられた『議案審議表』（参議院議事部、紙媒体）があります。

インターネットでは、衆議院Webサイトの「立法情報」中の「法律案等審査経過概要」[21]と参議院の刊行物等を一覧できる「ライブラリー」[22]の中の「議案情報」により、国会の会期ごとの審議経過が確認できます。

(2) 審議の概要を知るために

附帯決議や本会議と委員会における審議の概要を知ること

ができる資料として『衆議院の動き』(衆議院事務局，1993〜)，『参議院審議概要』(参議院事務局，第95回国会，1981〜)があります。衆議院Webサイトの「衆議院の動き」(1999〜)[23]と参議院Webサイトの「ライブラリー」の中の「参議院審議概要」にも掲載されています。

成立した法律については，提案理由の説明，両院の委員長報告，委員会の附帯決議その他の審議経過が法律番号順に配列された『国会制定法審議要録』(衆議院法制局および参議院法制局)が，国会の回次単位で刊行されています。

衆議院調査局と参議院の各調査室が，執務参考資料として対応する委員会の審議経過をまとめた「委員会審議要録」は，委員会により収録内容が異なりますが，委員会議録の発言者索引・事項索引や委員会提出資料等が掲載される場合もあるなど貴重なものです。紙媒体の刊行は終了していますが，古いものは衆議院については国立国会図書館議会官庁資料室，参議院については参議院議会史料室，国立国会図書館議会官庁資料室で閲覧できます。国立国会図書館の蔵書検索(NDL-OPAC)や「国立国会図書館サーチ」により，委員会の正式名称で検索することができます。

6.6 国会の立法補佐機関の調査報告

国会の立法補佐機関である衆議院調査局，参議院常任委員会調査室・特別委員会調査室，国立国会図書館調査及び立法考査局は，法律案の審査と国政調査のための資料の収集その他の調査を行っており，法律案参考資料以外に以下の資料をはじめ，各種の調査報告を作成・公表しています。

- 衆議院調査局『各委員会所管事項の動向』
  http://www.shugiin.go.jp/internet/itdb_rchome.nsf/html/rchome/Shiryo/doukou.htm
- 参議院事務局企画調整室編『立法と調査』
  http://www.sangiin.go.jp/japanese/annai/chousa/rippou_chousa/backnumber/index.html
- 国立国会図書館国立国会図書館調査及び立法考査局『ISSUE BRIEF　調査と情報』
  http://www.ndl.go.jp/jp/diet/publication/issue/index.html

6.7　平成24年の「著作権法一部改正法」の立法過程の重要資料・情報を探す

(1)　立案過程

　著作権法の改正は，文部科学省の文化審議会著作権分科会において審議され，その活動は文化庁Webサイトの文化審議会著作権分科会の「報告・答申等」[24]と「議事録・配布資料　著作権分科会」[25]に収録されています。

　平成24年改正に関連する審議内容は，『文化審議会著作権分科会報告書』（平成23年1月，文化審議会著作権分科会）と関連する議事録・配布資料に収録されています。ただし，違法ダウンロードの規制は，2005（平成17）年の「著作権法に関する今後の検討課題」に基づく検討の結果，2009（平成21）年の著作権法の改正によって行われたことから，2006（平成18）年以降の『文化審議会著作権分科会報告書』等の報告書と関連する議事録や配布資料を参照する必要があります。とりわけ「私的録音録画補償金制度」の抜本的見直しについて

の報告書,議事録,配布資料,パブリックコメント（意見公募手続）の結果の概要が重要です。また,文化庁 Web サイトの「著作権各種報告（懇談会・各種報告・調査研究）」[26]にも,外国の事例を取りまとめた『「著作権制度における権利制限規定に関する調査研究」報告書』（著作権制度における権利制限規定に関する調査研究会・三菱 UFJ リサーチ＆コンサルティング株式会社,2009）等の著作権法改正に関連する報告書が掲載されています。

(2) 立法過程
a) 法律案

「日本法令索引」DB の「法律案」検索により,2012（平成24）年の「著作権法の一部を改正する法律案」の提出番号が「第 180 回国会閣法第 64 号」,法律番号が「平成 24 年法律第 43 号」と特定することができます（図 6-1 上段参照）。この法律案は衆議院で修正されており,衆議院法制局 Web サイト「衆法情報」の「第 180 回国会　修正案」[27]により修正案名,修正対象（提出法律案文），提出者名,修正案文,関係資料（概要・要綱・新旧対照），審議経過が確認できます。

b) 審議経過

同じく「日本法令索引」DB の「法律案」の検索の結果,「会議録索引情報」により,審議経過（趣旨説明,質疑,討論,採決,委員長報告,附帯決議,審査報告書,投票者氏名等）の文書・記録が,会議録・委員会議録のどの号の何ページに掲載されているかを知ることができます（図 6-1 下段参照）。これにより,衆議院で修正議決が行われ,参議院では,委員会において附帯決議が行われたことがわかります。

【会議録一覧】
1. 著作権法の一部を改正する法律案

提出回次	種別	提出番号	提出者	提出年月日	備考	
180	閣法	64	内閣	平成24年3月9日		
制定法律名				公布年月日	法律番号	
著作権法の一部を改正する法律				平成24年6月27日	43	法令沿革 被改正法令

[関連情報へのリンク]

会議録索引情報 ※国会会については、議事速記録の情報です。

回次	審議した院／会議名	号数	開催日	ページ	審議状況	備考
180	衆議院／文部科学委員会	4	平24.6.1	2	趣旨説明	
180	衆議院／文部科学委員会		平24.6.1	2-5	議案	
180	衆議院／文部科学委員会	5	平24.6.8	1	発言	
180	衆議院／文部科学委員会	6	平24.6.15	2-14	質疑	
180	衆議院／文部科学委員会		平24.6.15	14	修正案趣旨説明	
180	衆議院／文部科学委員会		平24.6.15	14-15	討論	
180	衆議院／文部科学委員会		平24.6.15	15	採決(修正)	
180	衆議院／文部科学委員会		平24.6.15	15-16	修正案	
180	衆議院／本会議	25	平24.6.15	2-3	委員長報告	
180	衆議院／本会議		平24.6.15	3	採決(修正)	
180	衆議院／本会議		平24.6.15	24-27	議案	
180	衆議院／本会議		平24.6.15	27-29	報告書	
180	参議院／文教科学委員会	6	平24.6.19	1-2	趣旨説明	
180	参議院／文教科学委員会		平24.6.19	2	衆議院修正部分趣旨説明	
180	参議院／文教科学委員会		平24.6.19	2-13	質疑	
180	参議院／文教科学委員会		平24.6.19	14-20	参考人招致	
180	参議院／文教科学委員会		平24.6.19	20-28	参考人質疑	
180	参議院／文教科学委員会		平24.6.19	28-31	議案	
180	参議院／文教科学委員会	7	平24.6.20	1	採決	
180	参議院／文教科学委員会		平24.6.20	1-2	附帯決議	
180	参議院／本会議	17	(1) 平24.6.20	7	委員長報告	
180	参議院／本会議		(1) 平24.6.20	7	採決	
180	参議院／本会議		(1) 平24.6.20	29-30	投票者氏名	
180	参議院／本会議		(2) 平24.6.20	132	議案	
180	参議院／本会議		(2) 平24.6.20	132-136	審査報告書	

図 6-1 国立国会図書館「日本法令索引」データベースの検索結果
(著作権法一部改正法律案の審議状況)
出典：国立国会図書館「日本法令索引」データベース

検索結果 (一覧表示)

No		回次	院名	会議名	号数	開会日付
001	📖	180	衆議院	文部科学委員会	1号	平成24年03月02日
002	📖	180	参議院	文教科学委員会	2号	平成24年03月15日
003	📖	180	衆議院	議院運営委員会	23号	平成24年06月01日
004	📖	180	衆議院	文部科学委員会	4号	平成24年06月01日
005	📖	180	衆議院	文部科学委員会	5号	平成24年06月08日
006	📖	180	衆議院	議院運営委員会	25号	平成24年06月15日
007	📖	180	衆議院	文部科学委員会	6号	平成24年06月15日
008	📖	180	衆議院	本会議	25号	平成24年06月15日
009	📖	180	参議院	文教科学委員会	6号	平成24年06月19日
010	📖	180	参議院	文教科学委員会	7号	平成24年06月20日
011	📖	180	参議院	本会議	17号	平成24年06月20日

図6-2 国立国会図書館「国会会議録検索システム」の検索結果
(著作権法一部改正法案の国会審議記録一覧)
出典:『国会会議録検索システム』データベースの検索結果を一部加工して作成

c) 会議録・委員会議録

「国会会議録検索システム」DBの「詳細検索」により国会の回次(第180回)と検索語(著作権法の一部を改正する法律案)を指定して検索すると,該当する会議録の件数は11件と判明します(図6-2参照)。これを閲覧すると,衆議院文部科学委員会議録に修正案の案文と修正案の審議記録が,参議

院文部科学委員会会議録に附帯決議の案文とその審議記録が収録されています。また,「追録・附録・目次・索引検索」により,衆議院文部科学委員会議録附録にも審査報告書が掲載されていることがわかります。

d) 法律案参考資料

文部科学省 Web サイト「国会提出法律」中の「第 180 回国会提出法律案」[28)]には,「著作権法の一部を改正する法律案」の説明資料と同じ概要,要綱,案文・理由,新旧対照表,参照条文が掲載されています。また,国立国会図書館は,衆議院調査局の法律案参考資料として,「著作権法の一部を改正する法律案(内閣提出第 64 号)に関する資料」(衆議院調査局文部科学調査室,2012.4,p.152)を所蔵しています。

(3) 立法補佐機関の調査報告

2012(平成 24)年の著作権法一部改正法については,国会の立法補佐機関である衆議院調査局,参議院常任委員会調査室・特別委員会調査室,国立国会図書館調査及び立法考査局が,それぞれの Web サイトで,法律案参考資料のほかに「6.6 国会の立法補佐機関の調査報告」で触れた資料で以下の調査報告を公表しています。

・「文部科学委員会 4 文化及びスポーツの振興 (2) 情報化社会の進展への著作権制度の対応」衆議院『各委員会所管事項の動向—第 180 回国会(常会)における課題等』
・鈴木友紀(文教科学委員会調査室)「違法ダウンロード刑事罰化をめぐる国会論議—著作権法の一部を改正する法律」(「特集:第 180 回国会の論議の焦点 (4)」)参議院『立法と調査』334 号(2012.11)

- 前橋奈保子（文教科学技術課）「インターネット上の著作権侵害に関する各国の法制度」国立国会図書館『ISSUE BRIEF 調査と情報』No.747（2012.4.5）
- 齊藤千尋（文教科学技術課）「違法ダウンロード刑事規制をめぐる動き―平成24年著作権法改正」『ISSUE BRIEF 調査と情報』No.760（2012.10.18）

特に最後のレポートは，これまで触れてきた資料を活用して審議の経過や今後の課題を示しているので，典拠となる資料を探す上で有益です。

6.8 おわりに

国立国会図書館法令議会資料室（現・議会官庁資料室）における実務経験をもとに，立法過程で発生する情報と資料（立法情報）の探し方を紹介しました。約15年前の在職当時と比較して，インターネット上で公開されている法令情報，議会情報，行政情報が充実し，紙媒体資料の公開・提供も拡大していることを実感します。ただし，資料の公開，画像やテキストの検索，検索結果の表示等には不十分な点もあり[29]，その改善には，利用者の声が不可欠です。立法過程の情報・資料を活用した上で，国会の各関係機関へ率直な意見をお寄せいただきたいと思います。

注

1）例えば，吉田利宏『国民投票法論点解説』（日本評論社，2007）は，国会の会議録，委員会議録を引用して，国会の論議を詳細に紹介することにより，憲法改正のための国民投票法の逐条解説，

同法と当初の法案,対案,修正案の比較検討,指摘された問題点の理解を深めています。
2）いしかわまりこ,藤井康子,村井のり子著,指宿信,井田良,山野目章夫監修『リーガル・リサーチ 第4版』(日本評論社,2012)「第Ⅱ部 法令の基礎知識」の「4.法律制定や条約承認の過程を調べるための資料」(p.111-125) は,コンパクトに立法過程の重要資料の調べ方を解説しています。
3）川崎政司『法律学の基礎技法 第2版』法学書院 2013,p.102。なお,同書「第5 立法のプロセスに注目する」(p.99-118) は,法律案の立案から制定までを簡潔に解説しており,本節の記述はこれに従いました。
4）川崎 前掲書 p.117「図表3:内閣提出法案の立案過程」参照。内閣法制局「法律ができるまで」(内閣法制局 Web サイト http://www.clb.go.jp/law/index.html) も有益です。立案の概要については,大森政輔・鎌田薫編『立法学講義 補遺』商事法務,2011)「第2章 立法の企画立案」(p.41-161),立案の実態については,中島誠『立法学 第3版』(法律文化社,2014)「第2部 立法過程論―立法を巡る制度と動態」(p.127-345),西川伸一『知られざる官庁・新内閣法制局 立法の中枢』(五月書房,2002) が有益です。
5）「市民立法」とは,広い意味では地域住民や政策提言 NPO による市民主導の政策作りから法律や条例等の立法に関わる活動全般です。直接に立法過程に関わることに絞れば,地方自治では住民が条例の制定・改廃を請求することができ,その際は条例案を作成しなければならない直接請求制度があり(地方自治法第12条,第74条),文字通り市民立法ということができます。国レベルでは,現在のところこのような制度はありません。しかし,市民団体が法律案要綱を作って政党や議員に働きかけて議員立法を促したり,政府に法律案作成を求める活動も「市民立法」と見ることができます。これを「協働型市民立法」と呼ぶことがあります。その実現例として,阪神・淡路大震災を契機とする被災者生活再建支援法や環境教育推進法,フロン回収・廃棄法,東日本大震災

による原発被災者に対する「原発事故子ども・被災者支援法」があります。松原幸恵「日本における市民立法の現状と課題」『(山口大学教育学部) 研究論叢　第 1 部　人文科学・社会科学』56 巻 1 号, 2006.12, p.17-25 参照。

6) 法律案を作成するに至らない場合でも, 立法の手がかりとなる手段として, 憲法第 16 条により, 国民の権利として認められている国会への請願により立法を要求することができます。国会議員の紹介により受理された請願は委員会や本会議で審査され, 採択された場合は議院の意思として内閣に送付されます。個別の請願は一般には頒布されませんが, 国会の会期ごとに, 請願文書の一覧 (「請願文書表」) とその審査結果 (「審査報告書」) が刊行されます。いずれも国立国会図書館が所蔵し, 審査経過を衆議院 Web サイトの「立法情報・請願」(http://www.shugiin.go.jp/internet/itdb_seigan.nsf/html/seigan/menu.htm), 参議院 Web サイトの「ライブラリー・請願」(http://www.sangiin.go.jp/japanese/joho1/kousei/seigan/189/seigan.htm) で確認できます。

7) その結果, 委員会提出の法律案の審議時間はきわめて少なく「国民への情報公開をないがしろにするという落とし穴がある」との指摘があります。西川　注 4) p.206-212

8) 川崎　注 3) p.118「図表 4：法律案の国会審議過程」参照。

9) 山田奨治『日本の著作権はなぜこんなに厳しいのか』(人文書院, 2011)「第 4 章　ダウンロード違法化はどのようにして決まったのか」(p.103-155) は, 審議会の議事録を活用して, 改正法律案の立案の経過を分析しています。

10) 告示を含む命令, 審査基準, 処分基準, 行政指導・指針については, 行政手続法第 39 条により「パブリックコメント (意見公募手続)」として, その制定に先立って, その案文と関係資料を公示して一般の意見を聴取することが義務づけられています。

11) 内閣府「パブリックコメント・意見募集」
http://www.cao.go.jp/comment.html

12) 西川　注 4) p.163-164

13）国立国会図書館「日本法令索引」データベース
http://hourei.ndl.go.jp/SearchSys/index.jsp
14）衆議院「立法情報」http://www.shugiin.go.jp/Internet/index.nsf/html/rippo_top.htm
15）衆議院法制局「衆法情報」http://www.shugiin.go.jp/internet/itdb_annai.nsf/html/statics/housei/html/h-shuhou.html
16）参議院法制局「参議院議員提出法律案」
http://houseikyoku.sangiin.go.jp/sanhou-info/index.htm
17）無所属や国会の少数会派に所属する議員は，会議で議案に対する質疑討論に参加する機会が少なく，これを補う手段として活用されているのが，議員が個人として行うことができる，政府に対する質問主意書による審議への参加です。議長または本会議において承認された場合，質問主意書は直ちに内閣・政府に提出され，内閣は原則として7日以内に答弁書を国会に提出しなければなりません。質問の対象は特定されていないため，質疑以上に内閣や政府に問いただすことができます。これらは第1回国会から，会期ごとにまとめられ，国立国会図書館が所蔵し，衆議院Webサイトの「立法情報・質問主意書・答弁書」（http://www.shugiin.go.jp/internet/itdb_shitsumon.nsf/html/shitsumon/menu_m.htm），参議院Webサイトの「ライブラリー・質問主意書」（http://www.sangiin.go.jp/japanese/joho1/kousei/syuisyo/189/syuisyo.htm）で経過とテキストが確認できます。
18）一般への頒布は，衆議院の関連団体である衆栄会（東京都千代田区永田町1-6-3　衆議院第二別館2階　03-3581-5111　内線37921，FAX 03-3580-4889），参議院の関連団体である財団法人参友会（東京都千代田区永田町1-11-16　参議院第二別館東棟3階　03-5521-7469）及び国会資料協会を通じて行われています。
19）国立国会図書館「国会会議録検索システム」データベース
http://kokkai.ndl.go.jp/
20）内閣法制局「最近の法律・条約（件名）」
http://www.clb.go.jp/contents/index.html

21) 衆議院調査局は，会期ごとの速報「通過議案要旨集」(http://www.shugiin.go.jp/internet/itdb_rchome.nsf/html/rchome/Shiryo/yoshishu.htm) を 2008（平成 20）年から刊行しています。
22) 参議院「ライブラリー」http://www.sangiin.go.jp/japanese/kaiki/index.html
23) 衆議院「衆議院の動き」http://www.shugiin.go.jp/internet/itdb_annai.nsf/html/statics/ugoki/ugoki.htm
24) 文化庁文化審議会著作権分科会「報告・答申等」
http://www.bunka.go.jp/seisaku/bunkashingikai/chosakuken/hokoku.html
25) 文化庁文化審議会著作権分科会「議事録・配布資料　著作権分科会」
http://www.bunka.go.jp/seisaku/bunkashingikai/chosakuken/bunkakai/
26) 文化庁「著作権各種報告（懇談会・各種報告・調査研究）　調査研究等」
http://www.bunka.go.jp/tokei_hakusho_shuppan/tokeichosa/chosakuken/
27) 衆議院法制局「衆法情報」の「第 180 回国会　修正案」
http://www.shugiin.go.jp/internet/itdb_annai.nsf/html/statics/housei/html/h-shuhou180.html#shudata
28) 文部科学省「国会提出法律」中の「第 180 回国会提出法律案」
http://www.mext.go.jp/b_menu/houan/an/detail/1318798.htm
29) 大山礼子「国会情報」（浦田一郎・只野雅人編『議会の役割と憲法原理』信山社，2008, p.143-161）は，国際比較を踏まえて，執筆当時のわが国の国会情報の状況を批判的に考察しています。同『国会学入門　第 2 版』（三省堂，2003）は，同様に，国会の組織や機能，運営等について分析し，改革のあり方を展望しています。

7章 行政機関が発する法情報を探す

7.1 はじめに

　この章では，行政機関が発する情報の中から法および法関連情報について説明します。法令と判例を併せて「法源」や「一次資料」と呼びますが（「1章　法情報の世界」参照），これらを理解するためにも二次資料を併せて利用することがリーガル・リサーチを効率的に行う上で不可欠となります。それでは「二次資料」として，どのような情報をどこから取り出すことが可能なのか，この章では国および地方自治体（地方公共団体）が発信する行政情報のうち，法および法関連情報について，インターネット上で利用しやすいものを中心に説明します。

7.2 国の行政情報

　国の機関が発する情報を調査する際に出発点としたいWebサイトが「電子政府の総合窓口 e-Gov」（http://www.e-gov.go.jp/）です。同サイトは総務省が運営する総合的な行政ポータルサイトで，「3章　法令の条文を探す」で紹介された「法令データ提供システム」，「日本法令外国語訳データベースシステム」，「官報」，「所管の法令・告示・通達等」もすべてこ

こにリンクされています。国の行政情報について、どこから調べたらよいか迷う場合に「まずはここ」とお勧めできる便利なサイトです。それでは同サイトから、以下に法（関連）情報を含むコンテンツについて紹介します。

(1) 審議会・研究会等

　すでに「6章　法律はどうつくられるか――立法過程から立法情報を探す」において審議会について触れています。審議会は「重要事項に関する調査審議、不服審査その他学識経験を有する者等の合議により処理することが適当な事務をつかさどらせるための合議制の機関」（国家行政組織法第8条）です。法や法制度につき、既存のものを調査するだけではなく、それらが今後どのように変化していくのか、最新の動向を追跡することが特にビジネス分野などで必要となります。この「未来予想図」を描く一助となるのが、各府省の審議会が発する情報です（リンク集　http://www.e-gov.go.jp/link/council.html）。なお、同リンク集では「審議会・研究会等」となっています。審議会は金融審議会（金融庁）、財政制度等審議会（財務省）、中央環境審議会（環境省）等、○○審議会という名称をとっていますが、中には税制調査会、地方制度調査会（ともに総務省）のように「審議会」の名称をとらないものもあります（ゆえに審議会「等」と表記される）。さらに、上記の審議会が法令に基づき設置されるのに対し、災害対策法制のあり方に関する研究会（内閣府）、消費者団体との懇談会（公正取引委員会）、消費者契約法の運用状況に関する検討会（消費者庁）など、研究会・懇談会・検討会などの名称で、法令によらず閣議決定や所管大臣の決裁のみで開催される私

表 7-1　審議会の例：法制審議会（法務省所管）

総会	
部会	生殖補助医療関連親子法制部会
	信託法部会
	民法（債権関係）部会*
	新時代の刑事司法制度特別部会**
	刑事法（裁判員制度関係）部会
	国際裁判管轄法制（人事訴訟事件及び家事事件関係）部会
	商法（運送・海商関係）部会***

注：なお，平成 27 年には上記に民法（相続関係）部会と刑事法（性犯罪関係）部会が加わっている。

的諮問機関もあります[1]。私的諮問機関には法的な情報公開義務はありませんが，審議会と同じく重要な法や法制度に関わる意見書や報告書が取りまとめられることがあり，見落とさないよう注意が必要です。

　審議会につき，法令関連で特に注目されるのは，法務省所管の法制審議会（法務省組織令第 57 条）で，同会は「法務大臣の諮問に応じて，民事法，刑事法その他法務に関する基本的な事項を調査審議すること」（同令第 58 条第 1 項）等を行っています。同会は総会のほか 9 つの部会（特別部会を含む）に分かれ活動を行っています（表 7-1 参照）。

　最近では，民法（債権関係）部会*が「民法（債権関係）の改正に関する要綱案」（平成 27 年 2 月 10 日決定）を公表しました[2]。債権法分野は 1896（明治 29）年に現行民法が制定されて以来，大きな見直しが行われないまま現在に至っているため，実現すれば 120 年ぶりの改正となります。

　また，「新時代の刑事司法制度特別部会」**が 2014（平成 26）年 7 月 9 日にまとめた答申案[3]があり，裁判員制度対象

事件および検察官独自捜査事件について取り調べの録音・録画を義務づけることが明記されました。この問題の背景には2009年に厚生労働省局長（当時）が大阪地検特捜部に逮捕され（虚偽有印公文書作成・同行使容疑），翌2010年に無罪判決が確定した事件があります。同事件では検察側の証拠改ざんが問題となり，捜査方法と公判のあり方について改革を求める声が高まりました。

さらに，「商法（運送・海商関係）部会」***も同法の抜本的な改正に向けて検討を進めています[4]。「第五百五十九条　運送取扱人トハ自己ノ名ヲ以テ物品運送ノ取次ヲ為スヲ業トスル者ヲ謂フ……」など「六法」の中で唯一カタカナ表記が残る商法条文を現代化し，国際法との調和をも図ることが急務とされています。

このほか，厚生労働省所管の中央最低賃金審議会では「平成26年度地域別最低賃金額改定の目安について」（2014年7月29日）[5]答申があり，最低賃金を全国平均で16円引き上げることとしました。最低賃金の引き上げはこれまでも行われてきましたが，今回の引き上げにより，生活保護水準と最低賃金との乖離額が全都道府県で解消される見通しとなりました。

同じく厚生労働省所管の労働政策審議会[6]では2014年6月，労働条件分科会が開かれ，高収入（例えば年収1000万円以上）の専門職について労働時間規制を外す制度（ホワイトカラー・エグゼンプション）について検討が進められることになりました。同制度の下では勤務時間に縛られない働き方ができるためワーク・ライフ・バランスに期待がもてる一方，何時間働いても残業代が発生しないため過重労働につながりかねないという批判が寄せられています。同制度を新設する労働法

改正が行われるのか,今後の動きが注目されます。

　リサーチをする上で問題となるのは,どの省にどのような審議会・私的諮問機関が置かれ,現在どこまで議論が進んでいるのかについて,その分野の専門家でない限り把握しにくい点です。そもそも審議途中にある場合,公開の度合いにはバラつきがあり,各回の議事録や配付資料だけでは詳しい内容まで追うことができない場合があります。そこで新聞記事などを併用し(○○省○○審議会,研究会など検索をかけてみる),ある程度の動向をにらみつつ,「中間まとめ」や「意見書」,「答申」などを利用するスキルが求められます。

(2) 政策・調査報告

　国の政策については,首相官邸 Web サイトの中に「政策情報ポータル」(http://www.kantei.go.jp/jp/joho/) があり,こちらからテーマ別に調べることが可能です。例えば,「社会福祉＞社会における女性の活躍＞ワーク・ライフ・バランス＞4 子育てや介護との両立」と検索していくと,「(1) 育児・介護休業法」に関する資料として厚生労働省が発信しているや関連リーフレット,Q&A を見つけることができます。リサーチしたいテーマは決まっているが所管の省庁がわからない,または所管の省庁 Web サイトのどこに掲載されているかがわからないときなどに便利です。

　同ポータルにはキーワード検索機能もあり,各府省の政策課題や調査報告書についても調べることが可能です。例えば,最近法務省でどのような調査報告書が出されたか調べるとすると,キーワードを「調査報告書」(条件指定で「タイトルに含まれる」に限定),表示設定を「日付の新しいもの」順,省庁

別で「法務省」を選択します。そうすると，2013年2月に同省「競売制度研究会」で「海外制度調査報告書（アメリカ，イギリス，フランス，ドイツ）」が出されていることがわかります。同様の検索で特許庁「2013年度模倣被害調査報告書」や環境省「自動車リサイクル関連調査報告書」（2014年4月）なども参照できます。

(3) パブリックコメント（意見公募手続）

パブリックコメントについては6章で少し触れていますが，国の行政機関が政令や省令等を定めようとする際に，事前に原案を国民に公表し，広く一般から意見を募ることで，「行政運営の公正さの確保と透明性（中略）の向上を図り，もって国民の権利利益の保護に資することを目的」としています（行政手続法第1条。意見公募手続等については第38条〜第45条）。パブリックコメントは，行政手続法に基づく募集のほかに，各行政機関の任意により行政手続法の規定に準じて意見募集が実施される場合もあります。どのような案件があるかは，「電子政府の総合窓口 e-Gov」トップページから閲覧することが可能です。ただし，行政手続法に拠らない「任意の意見募集」については，必ずしも同ページを利用して実施されるとは限らないので注意が必要です（所管省庁Webサイトも併せて検索すること）。案の公示・意見募集期間は原則30日間以上とされており，意見提出をする場合は電子メールやFAX等で行います。

リサーチの上で重要なのは，最新動向を追跡する意味で，どのような案件が募集されているかということと，意見公募の際にどのような資料が公表されているかということです。

要項や（改正）案が公表されるのはもちろんですが、関連資料についても注目すべきものが多いです。例えば、2013年には特定秘密保護法の制定をめぐって国会が紛糾しましたが、同法施行令については2014年7月24日から8月24日まで意見公募が行われました。このとき関連資料として施行令案説明資料、各制度の比較、情報保全諮問委員会会議Webサイト（検討経緯や同法の未定稿逐条解説など）が示されました。

(4) 白書・年次報告書等

白書とは中央官庁の編集する政府刊行物であり、その内容は「政治経済社会の実態及び政府の施策の現状について国民に周知させることを主眼とするもの」[7]です。一般向けに『〜白書』と呼ばれるもののほか（表7-2参照）、国会あるいは閣議に提出される段階での「〜に関する年次報告書」や「〜の現況」と呼ばれるものがあります。現在では印刷されたもののほか、各省庁のWebサイトから利用可能です（リンク集 http://www.e-gov.go.jp/link/white_papers.html）。白書に掲載される内容は、前年度までの活動を次年度にまとめて刊行するため、必ずしも最新情報とはいえず、また年度によって組まれる「特集」も変わるため、自分が必要とする情報が毎年掲載されるとは限りません。ただし、国民一般向けを意識した内容構成であることから、図表や写真、カラー印刷などを適所に用い、専門書に比べると読みやすいものが多いです。

行政機関は裁判所の行う司法手続に類似した、審判や裁決等を行う手続（準司法的手続）を有します。例えば行政審判のうち、不服審査型と呼ばれるものに、(1) 公正取引委員会の「排除措置命令」や「課徴金納付命令」の不服申立て、(2)

表7-2　白書いろいろ（内閣府の例）

経済財政白書	原子力白書	防災白書
子ども・若者白書	食育白書	少子化社会対策白書
高齢社会白書	障害者白書	交通安全白書
犯罪被害者白書	自殺対策白書	男女共同参画白書
国民生活白書		

公害等調整委員会の「鉱物の採掘等に関する許認可」の不服申立て，(3) 特許庁の「特許拒絶査定」の不服申立てなどがあり，事前審査型と呼ばれるものに，(4) 金融庁の「課徴金納付命令の事前審査」や，(5) 地方海難審判庁の「海技士等への懲戒処分の事前審査」等があります。これらに関して，(1)「公正取引委員会年次報告」[8]，(2)「公害等調整委員会年次報告」[9]，(3)「特許行政年次報告書」[10]，(4)「金融庁の1年」，(5)「レポート　海難審判」[11]に情報があります（準司法手続についての詳細は「11章　審決・裁決等を探す」参照）。

　なお，前述したとおり白書の内容にはタイムラグが生じるため，より早く情報を得たいという場合は，各省Webサイトの「お知らせ」，「報道発表」，「プレスリリース」などを参照することが望ましいです。

(5)　公用文・法令用語

　法情報を自分が受け取るだけではなく，収集した情報に基づいて論文なりレポートなりを発信する側に立ったとき，使用すべき書式や用語，修辞などで迷うことがないでしょうか。読み手が専門を同じくする者であればともかく，一般向けに「わかりやすく」まとめることを求められたとき，次の資料

が参考になります。

　国の機関が出す文書や法令などに用いる文章は「公用文」と呼ばれ，「公用文作成の要領〔公用文改善の趣旨徹底について〕」(昭和27年4月4日内閣閣甲第16号依命通知，昭和56年，昭和61年，平成22年に一部改定あり)[12]によりルール化されています。例えば，「使い方の古いことばを使わず，日常使いなれたことばを用いる」よう，「牙保→周旋・あっせん」としたり，「音読することばはなるべくさけ，耳で聞いて意味のすぐわかることばを用いる」よう，「橋梁→橋　塵埃→ほこり　堅持する→かたく守る　陳述する→のべる」としたりするなどの例が示されています。さらに，「公用文における漢字使用等について」(平成22年11月30日内閣訓令第1号)では，例えば「恐らく　概して　必ず　殊に　更に」などの副詞は原則として漢字で書く，「おって　かつ　したがって　ただし　ところで　また」などの接続詞は原則として仮名で書くなどの例が示されています。

　法令に関しては前述の訓令と併せて「法令における漢字使用等について」(平成22年11月30日内閣法制局長官決定)[13]が出されています。例えば，「専門用語等であって，他に言い換える言葉がなく，しかも仮名で表記すると理解することが困難であると認められるようなもの」として，暗渠(あんきょ)，按分(あんぶん)，瑕疵(かし)，涵養(かんよう)，砒素(ひそ)などについては，「その漢字をそのまま用いてこれに振り仮名を付ける」と規定しています。一方で，「単語の一部に漢字を用いた方がわかりやすい例」として，えん堤，橋りょう，じん肺，ため池，漏えい，などを挙げています。

　他には送りがなについても，例えば，建物の「明け渡し」

とすべきか,「明渡し」または「明渡」とすべきか,迷うところですが,「明渡し」に統一するよう例示されています。同様に「預り金　言渡し　貸金　貸付け　繰越し　差押え　立替え　問合せ　取消し」など,表記ゆれが起こりやすい用語についても規定されています。現在はワープロソフトの中に表記ゆれチェックや公用文書式への変換機能を備えたものもあるので,上記資料を参考にしつつソフトを併用するのが望ましいでしょう[14]。

　英語での表記については,「3章　法令の条文を探す」で紹介された法務省「日本法令外国語訳データベースシステム」(http://www.japaneselawtranslation.go.jp/) が役に立ちます。例えば,「訪問販売」,「通信販売」,「電話勧誘販売」などを英語に訳す必要が生じたとき,同データベースを利用すれば,特定商取引法（Act on Specified Commercial Transactions）の中にそれぞれ "Door-to-Door Sales", "Mail Order Sales", "Telemarketing Sales" と訳語が出てくるのがわかります。同データベース上の翻訳は国（法務省）が発している情報とはいえ,公定訳ではないことを注意しなければなりません。正文として法的効力をもつのはあくまで原文（日本語）のみであり,翻訳は参考資料としてのみ掲示されているにすぎません。しかし,翻訳に迷った際に利用できる信頼性の高いコンテンツであることは確かです。

(6)　情報公開

　「電子政府の総合窓口 e-Gov」に代表されるように,今や多くの行政情報がインターネット上でアクセス可能となりました。他方で,電子媒体でも紙媒体でも公開されていない情

報についてはどのように調査すればよいでしょうか。「5章 通達・告示等を探す」で紹介された情報公開請求について、ここではさらに詳しく述べます。

総務省が毎年行っている情報公開法の施行状況調査によると、平成25年度における開示請求件数は行政機関に対して103,457件（平成24年度100,286件）と過去最高を記録し、独立行政法人等に対しては7,205件（平成24年度7,315件）となっており、減少したものの昨年度に引き続き7千台の件数となりました。機関別にみると、行政機関では法務省や国土交通省、厚生労働省などへの、独立行政法人等では医薬品医療機器総合機構や国民生活センター、日本年金機構などへの開示請求が多くなっています[15]。

情報公開請求をする際に、自分が必要とする資料がどのような件名でどの行政機関または独立行政法人等に保有されているかを明らかにすることが必要となります。「電子政府の総合窓口」上の「行政文書ファイル管理簿」（http://files.e-gov.go.jp/servlet/Fsearch）および「各独立行政法人等の法人文書ファイル管理簿」（http://www.e-gov.go.jp/link/corporatedoc/index.html）から調査します。文書の保有機関ごとに情報公開窓口も異なるため（例：国土交通省→大臣官房広報課情報公開室、法務省→秘書課情報公開係、国民生活センター→東京・情報公開室、相模原・情報公開窓口など）、請求の際には事前に窓口となる部署名や場所を確認しておきます。総務省「情報公開制度」（http://www.soumu.go.jp/main_sosiki/gyoukan/kanri/jyohokokai/）に概要がまとめられており、初心者向けのガイドブックなども用意されています[16]。

情報公開法[17]により表7-3の場合は不開示とされています。

表 7-3 不開示情報

(1)	特定の個人を識別できる情報（個人情報）
(2)	法人の正当な利益を害する情報（法人情報）
(3)	国の安全，諸外国との信頼関係等を害する情報（国家安全情報）
(4)	公共の安全，秩序維持に支障を及ぼす情報（公共安全情報）
(5)	審議・検討等に関する情報で，意思決定の中立性等を不当に害する，不当に国民の間に混乱を生じさせるおそれがある情報（審議検討等情報）
(6)	行政機関又は独立行政法人等の事務・事業の適正な遂行に支障を及ぼす情報（事務事業情報）

　平成25年度についてみると，行政機関では95,464件の決定がなされていますが，このうち不開示決定をしたのは行全体の2.4％（2,265件）にすぎません。それではほとんどの請求に対して開示が行われているかというと，開示決定にも全部開示と一部開示がある点に注意が必要です。平成25年度の行政機関の全部開示は全体の41.3％（39,398件），一部開示が全体の56.3％（53,801件）となっており，平成24年度の全部開示は全体の50.6％（47,627件），一部開示が全体の47.2％（44,465件）でした。このことから，一部のみの開示決定件数が増加していることが明らかであり，今後が気になるところです。

　不開示情報に該当するか否かは一見して明らかな場合もありますが，そうでない場合は「情報公開・個人情報保護審査会」の「答申・判決データベース」[18]が参考になります。一部開示・不開示の是非をめぐって訴訟となった事例（情報公開訴訟）については「9章　判例を探す」におけるリサーチ

方法を参照してください。

　なお，上記情報公開請求については現用文書（文書が作成または収受され，業務で使われている状態のもの）を対象としています。各省庁で保存期限を満了したもので，廃棄か公文書館への移管かを待つ状態になったものは「非現用文書」と呼ばれています。非現用文書のうち，「歴史資料として重要な公文書其の他の文書」[19]が国立公文書館等へ移管されます[20]。もっとも，2012年度に保存期間が満了した行政文書ファイル等約254万ファイルのうち，国立公文書館等へ移管されたのは全体の0.5％（12,653ファイル）のみであり，移管率の低さが問題といえます[21]。

7.3 地方の行政情報

　地方自治体の発する法情報につき，公報や例規集については「3章　法令の条文を探す」，「5章　通達・告示等を探す」で紹介されています。基本的には各自治体のWebサイトからほとんどがアクセス可能です。ただし，例規集にせよ公報にせよ必ずしもトップページの，わかりやすい場所にコンテンツが掲載されているとは限りません。内容構成も類似している部分が多いものの，自治体ごとに差異があるものなので慣れないと初めは使いにくいものです。

(1)　地方自治体の発する法情報

　前章までの内容も踏まえて，地方自治体の発する法情報にはどのようなものがあるか，東京都（http://www.metro.tokyo.jp/）を例にして紹介します。トップページから「例規集デー

タベース」(http://www.reiki.metro.tokyo.jp/reiki_menu.html) や「公報」(http://www.tokyoto-koho.metro.tokyo.jp/) にリンクが張られています。公報には「条例，規則，訓令，告示，公告及び雑報など」が掲載されており，例規集にまだ未登載のものなどはこちらを利用するとよいでしょう。2005 年以降の条例については「条例案概要」を参照することもできます。また，都議会ホームページ (http://www.gikai.metro.tokyo.jp/) には会議録検索システム (http://asp.db-search.com/tokyo/) があり，ここから本会議や委員会の議事録を参照できるようになっています。さらには，都議会定例会の録画映像についてもインターネット中継ほかスマートフォンからも視聴できるようになっています (http://www.gikai.metro.tokyo.jp/live/)。

(2) 行政資料センター・文書館

　この章でこれまで紹介してきたインターネットによるリーガル・リサーチには残念ながら限界があります。例えば，例規集については現行例規に限定されるため，廃止や改正前の法令については参照できません。公報や会議録も電子媒体で遡及できるものは限られています（東京都公報は過去 5 年分，東京都議会本会議録は 1981（昭和 56）年 2 月以降）。インターネットによる調査を補う上で，紙媒体による調査もする必要がありますが，一体どこへ行けばよいか，いくつか役に立つ機関を紹介します。各自治体には名称はさまざまであるものの，行政情報の提供窓口を設けているところが多いです。例を挙げると，東京都の「都民情報ルーム」，北海道の「行政情報センター」，宮城県の「県政情報センター」，愛知県の「中央県民生活プラザ」，大阪府の「府政情報センター」，広島県の

「行政情報コーナー」，福岡県の「県民情報センター」などがあります。紙媒体の資料を見たい場合はこれらの窓口が便利です。ただし，窓口によっては比較的最近の資料しか取り揃えていない所もあるため，各都道府県の基幹図書館を利用した方が効率的な場合があります（例：東京都の場合—東京都立中央図書館）。

　また，国が国立公文書館を設置しているのと同様に地方自治体が（公）文書館を設置している所もあります。自治体の「歴史資料として重要な公文書」は各（公）文書館にきちんと移管し，保存・公開すべきものではありますが，残念ながらその整備状況は自治体ごとに格差があります。全国の（公）文書館については国立公文書館ホームページにリンク集があります[22]。これによると47都道府県といえども，公文書館を設置していない所もあり，20政令指定都市では川崎市公文書館や大阪市公文書館など数か所の設置に留まっているのが現状です。国の行政機関から国立公文書館への資料移管率が低いことを先に指摘しましたが，自治体の行政資料保存・公開についても将来的な課題となっています。

(3) 情報公開

　国と同様，地方自治体に対しても情報公開請求が可能です。自治体ごとに情報公開条例が定められていますので，各条例の規定は各「例規集」で確認します。情報公開窓口については自治体のホームページから確認できます。東京都の場合を例にとると，前述した「都民情報ルーム」には情報公開の総合的な窓口である「情報公開コーナー」が設置されています。また，東京都の情報公開制度の運用状況については「年次報

告」が掲載されており，別に「公文書開示決定等件数報告」もあります[23]。資料検索には「文書目録」(PDF版)[24]や「情報公開用システム」[25]が役に立ちます。

7.4 まとめ

　国や地方自治体から発信され，インターネット上に公開される法および法関連情報は量が増大し，内容も豊富になりつつあります。より便利になるかと期待される一方で，情報が溢れんばかりに存在するがゆえに，かえって自分が探したい資料の所在を特定するのが難しい場合があります。また，最新の白書・年次報告書がいつ刊行されるのか，審議会・研究会等の報告書などがいつ公表されるのか，毎年の傾向から予測できる場合もありますが，不明な場合は担当部署に問い合わせるということも一つの方法です。最後に，公文書の保存・公開という点では国も自治体も将来的課題を抱えており，廃棄された資料や未整理のまま行方不明になってしまった資料については，もはやたどることができません。

注

1) 西川明子「審議会等・私的諮問機関の現状と論点」『レファレンス』（国立国会図書館調査及び立法考査局）2007.5
   http://www.ndl.go.jp/jp/diet/publication/refer/200705_676/067604.pdf
   上記 p.61-62 において，私的諮問機関について，「『私的』とはいえ，事務局運営は各省庁が行い，予算は公費から支出される。『私的』とは，国家行政組織法第8条にいう審議会等に当たらず，『私人』としての委員個人の意見を聞くための諮問機関であるという意味である」と説明されています。

2) 法務省法制審議会―民法（債権関係）部会「民法（債権関係）の改正に関する要綱案」（平成 27 年 2 月 10 日決定）
http://www.moj.go.jp/shingi1/shingi04900244.html
3) 法務省法制審議会―新時代の刑事司法制度特別部会第 30 回会議（平成 26 年 7 月 9 日）
「新たな刑事司法制度の構築についての調査審議の結果【案】」
http://www.moj.go.jp/keiji1/keiji14_00102.html
4) 法務省法制審議会―商法（運送・海商関係）部会
http://www.moj.go.jp/shingi1/shingikai_syoho.html
5) 厚生労働省中央最低賃金審議会「平成 26 年度地域別最低賃金額改定の目安について（答申）」（2014 年 7 月 29 日）
http://www.mhlw.go.jp/stf/houdou/0000052740.html
6) 厚生労働省労働政策審議会労働条件分科会
http://www.mhlw.go.jp/stf/shingi/shingi-rousei.html?tid=126969
7) 「政府刊行物（白書類）の取扱いについて」昭和 38 年 10 月 24 日事務次官等会議申合わせ（平成 13 年 1 月 6 日改正）
8) 「公正取引委員会年次報告」http://www.jftc.go.jp/soshiki/nenpou/
9) 「公害等調整委員会年次報告」（公害紛争処理白書）
http://www.soumu.go.jp/kouchoi/knowledge/nenji/main.html
10) 「特許行政年次報告書」
http://www.jpo.go.jp/shiryou/toukei/gyosenenji/index.html
11) 「レポート　海難審判」
http://www.mlit.go.jp/jmat/kankoubutsu/report.htm
12) 文化庁「公用文に関する諸通知」http://www.bunka.go.jp/kokugo_nihongo/joho/kijun/sanko/koyobun/index.html
13) 文化庁「法令に関する諸通知」http://www.bunka.go.jp/kokugo_nihongo/joho/kijun/sanko/horei/index.html
14) 例えばジャストシステム社「一太郎」やマイクロソフト社「ワード」の文書校正機能には公用文設定があります。
15) 総務省「情報公開制度施行状況調査」
http://www.soumu.go.jp/main_sosiki/gyoukan/kanri/jyohokokai/chousa.

html
16)「情報公開制度　教えてペンゾー先生！」や「情報公開制度と個人情報保護制度のガイドブック」など。本文中の総務省ホームページより PDF ダウンロードできます。
17)「行政機関の保有する情報の公開に関する法律」および「独立行政法人等の保有する情報の公開に関する法律」。各第5条に不開示情報に関する規定あり。
18) 総務省「情報公開・個人情報保護関係答申・判決データベース」
http://koukai-hogo-db.soumu.go.jp/
19) 移管・廃棄の判断指針については「行政文書の管理に関するガイドライン（平成23年4月1日内閣総理大臣決定・平成27年3月13日一部改正）」（http://www8.cao.go.jp/chosei/koubun/hourei/hourei.html 「通知・ガイドライン」から）別表第2の1
20) 国立公文書館の所蔵する歴史公文書については同館のデジタルアーカイブ（http://www.digital.archives.go.jp/）から目録情報検索ができ，一部はインターネット上の閲覧も可能です。
21)「平成24年度における公文書等の管理等の状況について（ポイント）」（2014年1月23日開催　公文書管理委員会委員懇談会配布資料 1-2）http://www8.cao.go.jp/koubuniinkai/iinkaisai/2014/20140123haifu.html
22) 全国公文書館　http://www.archives.go.jp/links/
23) 東京都「情報公開条例及び制度運用について」
http://www.metro.tokyo.jp/POLICY/JOHO/kouhyou.htm
24) 東京都　文書目録　http://www.metro.tokyo.jp/POLICY/JOHO/KOUHYOU/BUNSHO/mokuroku.htm
25) 東京都　公文書の検索　http://aps.johokokai.metro.tokyo.jp/aps/kensaku.cgi

8章 判例とは

8.1 はじめに

　この章では，判例をリサーチするにあたり前提となる「判例」の意味について明らかにするとともに，この章以降の「判例」のリサーチで必要とされる基本的な事項について説明します。

8.2 判例とは

　新聞記事等で「最高裁○○年ぶりに判例変更」，「○○裁判所，判例違反か？」と「判例」という言葉が使われているのを目にしたことがあるかもしれません。「判例」は，法令で定義が定められているわけではなく，使う人や場合によって，広義にも狭義にも使われます。例えば，前述の新聞記事で使用されている「判例」と「データベース（DB）で判例を検索しよう」というときに使用される「判例」とでは，意味が異なるのです。

　図8-1は，リサーチで使われる「判例」が，どこに位置するかをわかりやすくするために，使われる意味別に分類したものです。あくまで筆者独自の観点による分類であり，この図にあてはまらない意味の使い方も当然あることと思います

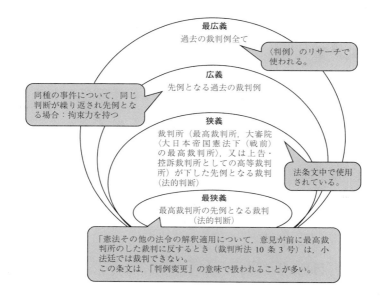

図 8-1 判例の意味別（使用例別）分類

がご了承ください。

以下，図 8-1 について，意味の広さの順に説明します。

（1） 最広義

過去の裁判例という意味です。リサーチで使う場合の「判例」はこの意味にあたります。

『判例時報』,『判例タイムズ』など雑誌名についている「判例」は，広義で使用される"後の裁判の参考となるような先例"という意味に限定せず，単に過去の裁判例という意味で使っています。こうした雑誌や DB に収録される「判例」

108

も，過去の裁判例の中から選択して収録しています。裁判所の下した法的判断部分に限らず，裁判例全体を指しているため，「裁判書（判決書・決定書・命令書），裁判の原本，判決文」などとも同義で使用されることもあり，最も広い意味での「判例」であるといえます。

この章では，「判例」を最広義で使用することとします。

(2) 広義

先例となる過去の裁判例という意味です。

辞書や辞典類の説明で見られる使用例です。同種の事件において，先例となる過去の裁判例という意味で使用されます。同種の事件で同じような判決が繰り返されると，その判決自体に重みが増し，その後の裁判に法と同じような拘束力をもつようになります。この意味で使用される場合は，裁判所を特定していません。

(3) 狭義

最高裁判所，大審院（大日本帝国憲法下（戦前）の最高裁判所），または上告・控訴裁判所としての高等裁判所（図 8-2 参照）が下した先例となる裁判（法的判断）という意味です。

「判例」という言葉が，法条文の中で使用されている場合は，この意味で使われています。

例えば，民事訴訟法第 318 条[1]（上告受理の申立て）と，刑事訴訟法第 405 条（上告理由）第 2 号と第 3 号[2]では，最高裁判所だけでなく，戦前の最高裁判所である大審院，上告審・控訴審としての高等裁判所の判断を判例として扱っていることがわかります[3]。

(4) 最狭義

最高裁判所の裁判の理由の中で示した法的判断[4]という意味です。

(3) の裁判所のうち、特に最高裁判所（戦前は大審院）の裁判の法的判断部分のみを指します。裁判所法第4条で、上級審の裁判所の判断は下級審の判断を拘束すると謳っていますが、最高裁判所は最上級の裁判所であり、その他すべての裁判所の判断を拘束する力があります。中野次雄『判例とその読み方』（有斐閣，三訂版，2009, p.6, 9）は「先例となりうるためには、その判断が他の事件にも適用することができるような一般性を有していることが必要である。……事実の認定や慰藉料の算定、刑の量定などの判断は、……一般命題の形に直すことは不可能だといわざるをえない……法律的な判断は、……ある程度一般的な命題とすることができ……それをのちの事件に直接あてはめることができる」とし、判例とは裁判の理由で示した法律的判断をいう、と定義しています。さらに「同じ判例でも、先例としての力、実務を支配する力には違いがあり、そういう強い力を持っているのは最高裁判所（戦前でいえば大審院）の判例だけであって、それ以外の裁判所の判例にはそういう力はなく、単なる参考資料としての意味を持つにすぎない」と述べています。ここでは、＜判例＞という言葉を最も重みのあるものとして定義しています。実際、裁判所法第10条第3号は、「憲法その他の法令の解釈適用について、意見が前に最高裁判所のした裁判に反するとき」は、小法廷では裁判することができないとするなど、最高裁判所の判断を重視した条文となっています。

8.3 裁判の仕組み

 判例は裁判における生成物であるため,リサーチの理解を助けるためにも,最初に裁判について簡単に説明します。

(1) 民事裁判と刑事裁判
 裁判には,民事と刑事があり,それぞれ裁判の目的と訴える主体が異なります。

 民事の場合は,当事者(個人,法人)同士でトラブルが発生して対立し,裁判所に請求を訴えたもの(訴状を提出したもの)が原告となり,訴えられたものが被告となります。裁判所は,証拠に基づいてどちらの言い分が正しいかを審理します。民事裁判では,裁判以外の方法(和解,ADR(裁判外紛争解決手続)など話し合い)でお互いの意見に折り合いがついて解決することもあります。

 刑事の場合,裁判所に訴えた(起訴した)検察官(国家権力)が原告となり,罪を犯したと思われる被疑者が訴えられて被告人(個人)となります。刑事裁判では,被疑者本人が本当に罪を犯したのかどうか(有罪か無罪か)を証拠に基づいて判断し[5],犯した罪に対してどの程度の刑罰を与えるのがふさわしいか等を刑法に基づき判断を下します。また「1章 法情報の世界」の交通事故の例(p.3)のように,同じ当事者であっても訴える対象や請求内容によって民事と刑事で別々の事件として裁判されることもあります。

 裁判開始から確定まで,訴状(刑事は起訴状)や答弁書,証拠書類などいくつもの文書が作成されます。それらの文書のうち裁判書,判決書(「8.4(1) 判例の記載事項」参照)に裁

判の主な内容が記録されます。

(2) 三審制

憲法は，日本の司法権は裁判所がもつと定め[6]，裁判所法は，裁判所の審級関係や各裁判所が取り扱う事件の内容，裁判の権限などを定めています。

日本の裁判所には上下関係があり，一番審級の低い第一審裁判所のした裁判に不服があれば，その上の審級の第二審裁判所に上訴（控訴）でき，さらに，第二審裁判所の裁判に不服があれば，その上の審級の第三審裁判所に上訴（上告）できるようなしくみになっています。このように異なる審級の裁判所で3回裁判を受けられる制度を三審制といいます。

図8-2で示したように，取り扱う事件も裁判所ごとに異なります。第三審となる上告審は，上告理由に，原則として原審の判決に憲法違反，憲法の解釈違反，判例違反があるときに限り審理が認められている[7]ことから，法律審と呼ばれています。上告理由がないときは，上告は棄却[8]されます。日本の裁判では上告棄却は，民事の場合は約96％，刑事の場合は約80％を占めるため（平成23年既済事件データ）[9]，ほとんどの上告審が第二審（控訴審）の判断を支持していることになります。民事裁判では，上告受理申立てができる条件も決められています[10]。

ある事件の裁判について理解を深めるためには，第一審裁判所から上の審級の裁判所に上訴し，裁判が確定するまで一連の流れで判例を読む必要があります。下級審では，事実について審理し，その審理に対応する法を解釈・適用して解決に導いていきますが，上告審は法律審であるため，下級審の

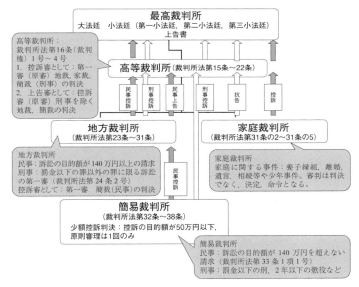

図 8-2 　三審制の判決の流れ

法的判断に法令違反や判例違反がないかどうかに絞って審理されるなど，各審級で審理すべき点が異なるからです。下級審の判例に接したとき，裁判所の判例を下から上に一連の流れで読むには，下級審後に上訴されたのか，すでに確定しているのかを知ることが必要です。確定したのか係属中なのかは，判例が収録される資料や DB でわかるものもありますが（8.4（2）参照），不明なものは，裁判所への確認が必要です。確定した裁判の裁判書を含む事件記録は，民事事件の場合は第一審裁判所に一定期間保存され（事件記録等保存規程（昭和39 年 12 月 12 日最高裁判所規程第 8 号）第 3 条，第 4 条），刑事

8章　判例とは………113

事件の場合は，第一審の裁判所に対応する検察庁に保管され（刑事確定訴訟記録法第2条第1項，第2項），閲覧が禁止されている場合を除き，検察官に申し出て閲覧することができます（刑事確定訴訟記録法第4条）。

(3) 裁判の形式

裁判には，主体，審理方式，上訴手続き等が異なる「判決・決定・命令」という形式があります（表8-1）。

表8-1 裁判の種類

裁判の種類	裁判主体	審理方式	上訴手続き
判決	裁判所（合議体）	・原則，口頭弁論をする（民訴87条1項，刑訴43条1項） ・公開の法廷（憲法82条1項） ・言い渡しは判決原本による（民訴252条） ・判決理由を付さなくてはならない（民訴253条1項，刑訴44条1項）	控訴・上告（民訴281条，311条，刑訴372条，405条）
決定		・口頭弁論をしなくても良い（民訴87条1項但書，2項，刑訴43条2項，3項，刑訴規33条1項，2項）	抗告（民訴328条，刑訴419条）
命令	裁判官	・公開法廷で宣告しなくても良い ・裁判書を作成しなくても良い（刑訴規53条但書）	抗告・準抗告（民訴329条，刑訴429条）

（表中の民訴は民事訴訟法，刑訴は刑事訴訟法，刑訴規は刑事訴訟法規則を表す。）

判決は，原告が訴訟で求める内容そのもの（損害賠償請求事件等）についての審理です。必ず口頭弁論を経て，それに基づいて作成した判決書を公開法廷で言い渡すなど，手続が厳格な裁判の形式です。それに対し，決定・命令は，前述したような判決必須の条件については裁判所，裁判官の判断にゆだねられています。決定・命令は，相手が逃げる前に財産を差し押さえておくなど緊急性を要する場合や，膨大[11]にある上告不受理の判断をする場合など，迅速な解決が必要とされる簡易な裁判の形式となっています。

8.4 判例の所在

(1) 判例の記載事項

　そもそも判例には何が記載されているのでしょうか？　例えば民事裁判の判決については，民事訴訟法第253条第1項において「判決書」という言葉を使って記載すべき事項を定めています。

第二百五十三条　判決書には，次に掲げる事項を記載しなければならない。
　1　主文　2　事実　3　理由　4　口頭弁論の終結の日
　5　当事者及び法定代理人　6　裁判所

　日常生活では馴染みのない言葉である「主文」には，裁判の結論が書かれています（以下例）。

　主文　←　裁判の結論部分

---

1 原告の請求を棄却する。
2 訴訟費用は被告の負担とする。

事実には，当事者間に争いのない事実，当事者の主張，争点となる部分等が書かれています（以下例）。

事実及び理由
第1 請求
○○の東京都選挙区における選挙を無効とする。
第2 事案の概要
本件は，○○区における選挙の無効確認を求める訴訟である。
前提となる（争いのない）事実

理由には，主文（結論）に至った理由，法的根拠を示しつつ，当該裁判所の法的判断（法の解釈・適用）が書かれています（以下例）。

第3 当裁判所の判断
原告の請求は，……行政事件訴訟法31条1項の趣旨に準じて……を棄却するのが相当であるから，……費用を被告の負担とすることとして，主文のとおり判決する。

(2) 判例が収録される資料や DB の種類と特徴

判例は，どのように入手できるのでしょうか？ 確定した裁判の記録は，8.3（2）で前述したように裁判所や検察庁に

直接閲覧に行くほか、公刊されている資料やDB（以下「ツール」という）にも、収録される判例があります。ただし、収録される判例は全裁判のうち、1％にも満たないということを知っておきましょう[12]。

判例が収録されるツールについて、それらの発行元や形態から、以下に挙げた4つに分類し、その特徴を挙げます。これらのツールに収録される際には、裁判書に書かれる記録内容のほかに、判決要旨、解説などの付加価値がつくことが多いようです。また、判例DBの場合には、紙媒体では実現できない審級、引用判例、被引用判例、参照条文へのリンクなどの機能が追加されています。

a) 判例集

最高裁判所が現在も継続して発行する判例集には『最高裁判所判例集』（民集・刑集）があります。『最高裁判所判例集』には、判例委員会[13]が厳選した判例が収録されています。内容は、裁判書に記載される項目のほかに、判示事項、判決（決定）要旨、参照条文全文が付記され、少数意見[14]があればすべて記載されます[15]。また、第一審、第二審の主文・事実および理由が最高裁判所判例の後に付記されるため、下級裁判所の事実についての審理（事実審）を参照することができるようになっています。

b) 裁判所Webサイト

裁判所（http://www.courts.go.jp/）の発信するWebサイトの中に「裁判例情報」というページがあります。このページは、インターネットを使える環境であれば、誰でも無料でアクセスできる点、「裁判例情報」内の〔最近の判例：最高裁判所〕はどの判例DBよりも早くアップされるという点が優れてい

ます。しかし、検索項目、リンク機能、他資料との横断検索といった機能や収録数では、d) の有料 DB と比較すると劣ります。

c) 判例雑誌

法分野には、判例全文が収録される雑誌があります。代表的な雑誌に、法分野全般、全審級の判例を収録対象とした『判例時報』、『判例タイムズ』があります。これらの雑誌には、出版社により選択された判例が収録され、a) に挙げた判例集に収録される数よりも多く、早いのが特徴です。また、判例のほかに解説が付されています。

このほか、『労働判例』、『金融・商事判例』、『金融法務事情』といった特定の分野においても判例を収録する雑誌があります。

d) 有料 DB

判例全文を収録する Web 版の有料 DB の主なものに、「LEX/DB インターネット」(TKC)、「D1-Law.com 判例体系」(第一法規)、「Westlaw Japan」(ウエストロー・ジャパン)、「Lexis AS ONE」(レクシスネクシス・ジャパン)、「LLI/DB 判例秘書 INTERNET」または「判例秘書アカデミック版 LLI 統合型法律情報システム」(LIC) の5つがあります。各 DB により、収録対象資料、更新頻度、検索項目、検索結果表示項目、判例評釈の数等に違いがあります。基本的には、判例集、判例雑誌、裁判所 Web サイトに掲載後の判例を収録するため、数日から数か月のタイムラグがあります。しかし、最近は資料や裁判所 Web サイトの判例だけでなく、各会社が独自の調査で判例を収集し、収録しています。

8.5 判例評釈

　判例は，実務においてその後の裁判の参考となるだけでなく，研究対象としても重要な役割を果たしています。ある判例について，その是非についての意見を書いたり，判例の解釈や解説をほどこすものを判例評釈（判例研究）といいます。

　判例評釈は，研究者や実務家が1～2ページ程度に簡潔にまとめて書いたものから複数ページに及ぶものまでさまざまです。雑誌や大学紀要に収録されているほか，判例評釈だけを集めて，シリーズとして刊行されているものが数種類あります。それらは，法律雑誌の別冊や増刊が多く，1冊に同じ法分野の判例評釈をまとめて収録する『判例百選（別冊ジュリスト）』シリーズ（有斐閣）などや，定期的に複数分野を収録するシリーズ『重要判例解説（ジュリスト臨時増刊）』，『私法判例リマークス（法律時報別冊）』，『判例評論（判例時報別冊付録）』などであったりします。

　また，各分野の判例を研究対象として研究者や実務家が執筆した評釈資料とは性格を異にし，当該判例の事件を担当した最高裁判所調査官が執筆する『最高裁判所判例解説』という資料があります。調査官が執筆しているため「調査官解説」とも呼ばれています。「調査官解説」は，『最高裁判所判例集』に収録された判例（民事は1968（昭和43）年，刑事は1967（昭和42）年よりすべての判例）について，各事件を担当した最高裁判所調査官が当該裁判の要旨・事案の概要を示し，問題の所在，学説の状況，本判決・決定の考え方・過去の裁判例等を挙げて説明したものです。

　判例評釈や判例解説は，判例を調査・研究する上で重要で

あるため，該当判例の判例評釈が存在する場合，有料 DB の多くが，判例検索の結果の概要に評釈情報（〇〇雑誌〇巻〇号〇〇ページ）を付しています。その記載の表記方法や記載数は，各 DB によって異なります。

判例評釈の探し方については，10 章で詳細に説明します。

8.6 おわりに

ここまで，「判例」をリサーチするために必要な基礎知識と「判例」の収録ツールを紹介しましたが，実際の判例リサーチでは，これらの知識を総動員させて使いこなさなくてはなりません。全裁判の判例が入手できるわけではないことを念頭に置き，8.4（2）で挙げた判例の収録対象資料，判例を収録する時期・タイミング（裁判確定後どのくらい経過してからか）などを正しく把握しておくことで，もれなくかつ無駄のない効率的な検索が可能となるはずです。

また，新聞記事やニュース等で報道される判例について日頃から目を通しておくと，判例に対する興味も深まることと思います。

9 章以降では，具体的な例を使って判例の検索方法を説明します。

注
1）上告をすべき裁判所が最高裁判所である場合には，最高裁判所は，原判決に最高裁判所の判例（これがない場合にあっては，大審院または上告裁判所もしくは控訴裁判所である高等裁判所の判例）と相反する判断がある事件その他の法令の解釈に関する重要な事項を含むものと認められる事件について，申立てにより，決

定で，上告審として事件を受理することができます。
2）「二　最高裁判所の判例と相反する判断をしたこと」,「三　最高裁判所の判例がない場合に，大審院若しくは上告裁判所たる高等裁判所の判例又はこの法律施行後の控訴裁判所たる高等裁判所の判例と相反する判断をしたこと」を理由に上告の申立てができるとしています。
3）他に，「判例」という言葉が使用されている法令に，民事訴訟規則第192条（判例の適示），民事訴訟法規則第199条（上告受理の申立て），第203条（最高裁判所への移送），刑事訴訟法第410条，刑事訴訟規則第253条（判例の適示）などがありますが，いずれも同様の意味で使用されています。
4）中野次雄編『判例とその読み方　三訂版』有斐閣，2009
5）刑事訴訟法第1条「この法律は，刑事事件につき，公共の福祉の維持と個人の基本的人権の保障とを全うしつつ，事案の真相を明らかにし，刑罰法令を適正且つ迅速に適用実現することを目的とする。」
同法第317条「事実の認定は，証拠による。」
6）日本国憲法第76条「すべて司法権は，最高裁判所及び法律の定めるところにより設置する下級裁判所に属する。」
7）民事訴訟法第312条，刑事訴訟法第405条
8）「棄却」は民事訴訟法では，裁判所への申立て（訴え，上訴）・請求を理由なしとして退ける裁判。申立て・請求自体が不適法として理由の有無の判断（審理）をぜずに，退ける裁判は「却下」といいます。刑事訴訟法では，請求を退ける裁判は，理由なしも不適法も「棄却」といい，手続上の申立て・請求を退ける裁判を「却下」といいます。
9）「平成23年司法統計年報　民事・行政事件編　第55表」（p.52）上告審訴訟既済事件数　上告審棄却数（上告民事・行政訴訟事件総数2,255件，棄却判決30件，棄却決定2,131件），「平成23年司法統計年報　刑事事件編　第3表　刑事訴訟事件に種類及び終局区分別既済人員」（上告刑事訴訟事件総数2,208件，上告棄却

1,760 件)
10) 民事訴訟法第 318 条
11) 前掲　注 9) 第 55 表, p.53
　　平成 23 年上告受理申立事件総数 2,524 件のうち, 上告理由に不備があるため上告を受理しない (上告審理を認めない) という「上告不受理」の決定は 2,387 件あり, 上告受理申立事件の約 95 ％を占めます。
12) いしかわまりこ［ほか］著『リーガル・リサーチ　第 4 版』日本評論, 2012
13) 判例委員会規程 (昭和 22 年 12 月 15 日最高裁判所規程第 7 号)
14) 少数意見は 3 種類あります。(補足意見：多数意見の結論に賛成だが自分の意見を補足する, 意見：意見に賛成だが, 理由づけが異なる, 反対意見：多数意見に結論も理由も反対)
15) 裁判所法第 11 条「裁判書には各裁判官の意見を表示しなければならない。」

9章 判例を探す

9.1 はじめに

「8章 判例とは」を踏まえ,最広義での判例(過去の裁判例すべて)の探し方を説明します。判例を探すことは,判例の意味を理解し検討していくことと重なりますが,その資料となる判例評釈・判例解説等については10章で説明します。

では,判例を探すのはどのようなときでしょうか。例えば,法律の本や雑誌に引用されている判例を調べたい(=特定の判例を探す),身近に生じた法律問題を解決するために判例を知りたい(=特定の事項に関する判例を探す),最近の新聞やテレビ,インターネットなどで報道された裁判の判決を知りたい(=判例の掲載状況が明確でない)等が考えられます。その際には,判例が収録される資料やデータベース(DB)の種類と特徴を踏まえて,的確に探すことが大切です[1]。

判例の調べ方について,参考文献のほか,国立国会図書館「リサーチ・ナビ」(判例の調べ方 http://rnavi.ndl.go.jp/research_guide/entry/hanrei.php および関西で調べる:判例 http://rnavi.ndl.go.jp/research_guide/entry/post-341.php)や大学教員によるホームページやブログでの紹介も参考になります[2]。

9.2 判例を探す

(1) 特定の判例を探す

特定の判例を探す場合，裁判年月日，裁判所名，事件番号などがわかっていれば早く確実に探すことができます。事件番号は各裁判所に訴えが提起された年，事件の種類の符号，番号が組み合わされたもので，1事件につき一つ付与され同じ番号は存在しません。同じ事件でも裁判の審級が変われば番号も変わります。本や論文に引用された判例には事件番号が書かれていないことも多いですが，略号で表記されるため，その読み方を知っておく必要があるので紹介します（図9-1）。

「最大^{i}決^{ii}平25・9・4^{iii}平24（ク）985号^{iv}民集67・6・1320^v」

⇒ i 裁判所名：「最高裁判所大法廷」
他に，大審院→大，最高裁判所第二小法廷→最二小，東京地裁立川支部→東京地立川支などと略されます。

ii 裁判の種類：「決定」
判決→判，命令→命と略されます。

iii 裁判年月日：平成25年9月4日

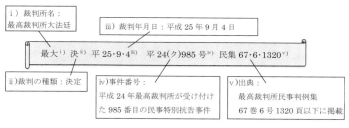

図9-1 判例の略語表記

iv 事件番号[3]：平成24年最高裁判所が受け付けた985番目の民事特別抗告事件を表します。

v 出典：最高裁判所民事判例集67巻6号1320ページ以下に掲載されています。

a) 判例掲載資料がわかる場合

裁判所名，裁判年月日，事件番号などをもとに出典にあたります。出典は通常略語で示され，例えば，公的刊行物である『大審院民事判決録』（司法省，明8〜明20，明24〜明28）を「民録」，『最高裁判所刑事判例集』（判例調査会，昭22（1巻）〜）を「刑集」，『裁判所時報』（最高裁事務総局，昭23（1号）〜）を「裁時」，私的刊行物である『判例時報』（判例時報社）を「判時」，『判例タイムズ』（判例タイムズ社）を「判タ」などと略します[4]。

b) 判例掲載資料がわからない場合

判例が掲載されている資料がわからない場合には，ア）DBを利用する，イ）主題別判例集や判例掲載誌などで調べる，ウ）新聞記事，雑誌記事，インターネット情報などで探す，といった方法があります。

ア）判例DBを利用する

無料のものと有料のものがあります。有料DBにはいくつかありますが，ここでは国立国会図書館東京本館で利用できるものを主に紹介しましょう。

〈無料〉

・裁判所Web　http://www.courts.go.jp/

裁判所のホームページの「裁判例情報」では最高裁判所判例集，高等裁判所判例集，下級裁判所判例集，行政事件裁判例集，労働事件裁判例集，知的財産裁判例集の6種類の判例

（裁判例）集に区分されて掲載されており，それぞれの判例集に対する検索機能と，横断的に検索する全判例統合検索機能があります。ただ，キーワード項目には同義語を読み込む機能がないので，曖昧な検索には不向きです。「最近の判例一覧」には最高裁や下級審の過去 3 か月（知財高裁判決は 1 か月）以内の選ばれた判決が登載され，判決当日に載ることもあります。

・知的財産高等裁判所　http://www.ip.courts.go.jp/

「判決紹介」では「裁判所 Web」よりも知財判決検索をより詳細に行え，最近の審決取消訴訟や侵害訴訟等控訴事件を一覧できます。

・特許情報プラットホーム（J-PlatPat）（工業所有権情報・研修館）https://www.j-platpat.inpit.go.jp/web/shinpan/spdb/SPDB_GM101_Top.action

「審判」で審決公報や判決公報を照会できます。審決については 11 章で詳しく説明します。

〈有料〉

・D1-Law.com（第一法規）

「判例体系」を要旨・本文フリーワード，事項（講学・実務キーワード），参照法令，基本（裁判年月日・裁判所・事件番号），出典名，裁判官名，民事・刑事区分，法編，判例 ID の項目で検索し，判例要旨・全文が読めます。法律・政令・府省令・規則・条約等の現行法令を収録した「現行法規」，明治以降の公刊判例を分類・整理した「判例体系」，法律に関する図書・雑誌記事等の書誌情報および判例情報を検索できる「法律判例文献情報」等を利用できます。

・TKC ローライブラリー（TKC）

「LEX/DB インターネット」の「判例データベース」をフリーキーワード，裁判年月日，裁判所名，事件番号，民刑区分，法編，法条文，裁判種別，掲載文献，LEX/DB 文献番号の項目で検索し判例全文が読めます。1875（明治8）年の大審院判例から今日までの判例，特許庁審決・国税不服審判所裁決（11章参照），税務判決要旨等を収録し，『法律時報』（日本評論社）に掲載された文献情報と判例評釈情報を中心とする「法律文献総合 INDEX」や「新・判例解説 Watch（法学セミナー増刊）」等を利用できます。

・判例秘書 HYBRID（LIC）

「判例検索」，「大審院判例検索」を任意語，裁判所，裁判日付，事件番号，法令条文，掲載誌，裁判官名の項目で検索し，全文を PDF 形式で読めます。1948（昭和23）年以降に発行された公式判例集や判例雑誌に掲載された約20万件に加え，大審院判決録・大審院判例集に掲載された約2万件の判例および判決文中に別表として添付された図表を収録しています。判例掲載誌（『最高裁判所判例解説』，『判例タイムズ』，『ジュリスト』，『判例百選（別冊ジュリスト）』，『法学教室』，『旬刊金融法務事情』，『金融・商事判例』，『銀行法務21』，『労働判例』）を本文画像（PDF ファイル）で読むことができます。教育機関では「判例秘書アカデミック版 LLI 統合型法律情報システム」として契約されることも多いです。

・その他

上記3つの DB は国立国会図書館東京本館での利用・プリントアウトが可能ですが，その他にも主要なものとして「Lexis AS ONE」（レクシスネクシス・ジャパン），「Westlaw Japan」（ウエストロー・ジャパン）などがあります。

有料 DB には主な判例集のほかに各社が独自で収集した判例も収録されるので、複数を利用してよい結果を得ることもあります。また、上級審・下級審や判例評釈、関連法規などの情報も検索できる点が有用です。契約者との契約内容により利用できるサービスが異なることにも注意してください。

イ）主題別判例集や判例掲載誌などで調べる

『重要労働判例総覧』（産労総合研究所）や『交通事故民事裁判例集』（ぎょうせい）などの主題別判例集には DB にない判例が見つかることもあり、役立ちます。各 DB や図書資料によって判例登載のタイムラグが生じるため、検索に取りこぼしがないよう図書資料による検索は必須です。

図書館では判例掲載誌を目にすると思います。『判例タイムズ』（判例タイムズ社　http://www.hanta.co.jp/）ではインターネットで簡易な目次検索ができるほか、デジタル版の販売もあります。『Law & Technology』（https://www.vplab.org/lt/）では目次が PDF ファイルで公開されています。

ウ）新聞記事、雑誌記事、インターネット情報などで探す

裁判が報道されても判決が公表されない事件も多く、判例の公刊・公開数は微々たるものです[5]。裁判所・事件番号がわかれば記録を保管する裁判所で閲覧（謄写可の場合もある）できますが、事件によって制限があります（民事訴訟法第 91 条、刑事訴訟法第 53 条）。社会への影響が大きい注目された事件や重要な裁判では、事件の概要や判決要旨などが新聞記事に載る場合があります。署名入り記事であれば、担当者に裁判について事件番号ほかを尋ねる方法も考えられます。弁護団や支援者などがインターネットで裁判の概要や判決を公開する場合もあります。

(2) 特定の事項(法令条文・テーマなど)に関する判例を探す

特定の事項(法令条文・テーマなど)に沿って判例を探す方法として文献やDB,インターネットの利用を紹介します。

a) 文献で検索する

ア)ある法律の条文に関連する判例を探す

印刷体の判例検索資料には,判例要旨集(判決要旨・判決理由)や判例索引集(法条別・裁判年月日別の判示事項)などがあり,多くが法令条文別に編集されています。特定の法分野の判例要旨・判示事項・掲載誌などを一覧でき,裁判年月日や裁判所名から判決要旨などを検索することができます。

・『判例年報(別冊判例タイムズ)』(判例タイムズ)

年度版の刊行(平成22年度版が最新,平成27年3月)で条文ごとに判示事項・判決要旨が載ります。各年度刊行の『最高裁判所判例集』,『家庭裁判月報』(2014(平成26)年3月刊行終了),『判例タイムズ』,『判例時報』,『金融法務事情』,『金融・商事判例』に載った判例を収録しています。

以下に続く加除式資料の場合は,1巻の巻頭にある追録加除整理一覧表で,いつの時点の資料であるかを確認し,それ以降の判例については別の資料で補う必要があります。

・『判例体系 知的財産権法』(第一法規,加除式)

特許法・実用新案法・意匠法・商標法・不正競争防止法・著作権法・種苗法等,知的財産関係法令や実務に有用な1985(昭和60)年以降の判例を中心に収録され,知財高裁・東京地裁知財部の裁判官や知財訴訟の実務家が要旨を作成しています。

・『知的財産権判例要旨集』（新日本法規，加除式）

特許法・実用新案法，意匠法，商法・商標法，不正競争防止法，著作権法など知的財産権について争われた裁判例の要旨を収集および分類整理し，判例・評釈の出典や上級審・下級審の審級関係も表記されています。

・その他

『新判例体系民事法編』（新日本法規，加除式），『判例医療過誤』（新日本法規，加除式），『行政判例集成』（ぎょうせい，加除式）などがあります。

イ）テーマ（内容）に関連する判例を探す

内容から検索する場合，それがどのような法令条文と関連するのか見極めることができれば，上記ア）の検索資料を使い判例を探すことができます。法令条文がわからない場合は，主だった六法（『模範六法』，『ポケット六法』ほか）の巻末にある総合事項索引を利用したり，各種法律用語辞典や概説書・教科書の該当ページを読んで調べることができます。判例付き六法で主要判例を知ることも可能です。法令条文がわかれば，逐条解説書（コンメンタール）などを活用し主要判例，評釈などを知ることができます。重要な判例については，『判例百選（別冊ジュリスト）』シリーズや『重要判例解説（ジュリスト臨時増刊）』（有斐閣）などの学習者向けの判例解説書があります。

b) 判例 DB で検索する

これまでに紹介した DB が利用できるなら，実際には DB で判例を探すことを優先するでしょう。その際には，各 DB の特徴（判例の収録範囲や収録誌，更新頻度ほか）や検索方法（検索項目，上級審・下級審・法令・解説へのリンク機能ほか）に

注意しましょう。検索の際には，正確な情報（裁判所名，裁判年月日など）および適切なキーワードの選択と組み合わせ（AND, OR, NOT 検索）が望まれるので，図書・論文・判例評釈やインターネットなどで調べた的確な情報があれば効率がよいです。検索で用いるキーワードをあまりにも大きな概念（例：相続，自動車事故など）にすると結果が多すぎて絞り込めなくなったり，個人名ほか詳細に入れすぎると検索できなかったりすることもある点に気をつけてください。

c） インターネット情報などを探す

インターネット上の判例・裁決・審決等の情報について，国立国会図書館「リサーチ・ナビ」に紹介されています。民事・刑事裁判以外の裁決（弾劾裁判所 http://www.dangai.go.jp/lib/lib1.html，行政裁判所（戦前）の判決など）を調べることもできます[6]。その他，判例を調べる上で役立つネット上のサイトも多いですが，利用する際には，運営者や更新状況に十分気をつけて，信頼できる情報であるかを吟味する必要があります。以下のような役に立つサイトがあります。

・「消費者問題の判例集」http://www.kokusen.go.jp/hanrei/index.html

独立行政法人国民生活センターが判例集などから収集した消費者判例のうち，注目され，かつ消費生活や消費者問題に関して参考になるものを，消費者問題を専門とする学者・弁護士による解説等をつけて紹介されています。毎月，新しいものを追加しています。

・「労働基準関係判例検索」http://www.zenkiren.com/jinji/top.html

公益社団法人全国労働基準関係団体連合会が運営し，1948

(昭和23)年以降に言い渡された判決のうち,労働基準法に関連するものを各種判例集などから調査収集して加工・公開しています。「体系項目」と「ID 番号」による検索ができ,また判決理由の要旨も見ることができます。

9.3 判例を検索してみよう──アスベスト(石綿)訴訟

2014年10月9日朝日新聞朝刊に「石綿　国の責任どう判断泉南2訴訟　最高裁きょう判決」という見出しが出ました。大阪府南部の泉南地域で起きたアスベスト加工工場の元労働者らが,健康被害をめぐり国に賠償を求めた二つの集団訴訟の最高裁判決が言い渡されるという記事です。同年9月4日,それぞれの控訴審判決では石綿の粉じん濃度の規制をめぐり国に責任があったかどうかについて判断が分かれていましたが,最高裁第一小法廷(白木勇裁判長)は,当事者双方の意見を聞く弁論を開くことを決め,最高裁が統一判断を示すという記事を読んでいました。以前,2012年12月5日東京地裁で建設現場労働者の石綿被害について国の責任を初めて認めた判決が出たとの記事を知ってから,最高裁の判断がずっと気になっていました。

では,この記事にある「石綿　泉南2訴訟」と「最高裁判決」を探してみましょう。

(1) DB で探す

このように注目される判決は無料 DB「裁判所 Web」に当日から掲載されることがあります。アスベスト(石綿)加工工場の元労働者に生じた石綿による健康被害について国の責

任を初めて認めた本裁判については,実際に判決全文が即日掲載されました。

　では,下級審はどうでしょうか。上記新聞記事では「石綿泉南2訴訟」の裁判年月日がわかりません。そこで,インターネットで「泉南 AND アスベスト AND 訴訟」で検索をしたところ,「法務省：アスベスト訴訟」[7]のサイトが見つかりました。その中で,"大阪アスベスト訴訟（第1陣）：第1審大阪地判平22・5・19（原告の請求を一部認容し,国の規制権限の不行使の違法を認めた）及び控訴審大阪高判平23・8・25（国に規制権限不行使の違法はなかったとして,1審判決を取消し,原告の請求を全て棄却）と大阪アスベスト訴訟（第2陣）：第1審大阪地判平24・3・28及び控訴審大阪高判平25・12・25（原告の請求を一部認容）"と書かれています。裁判年月日がわかったので,「裁判所 Web」で検索すると,"大阪地判平成22・5・19"だけが掲載されています（2014.11.8 検索）。このように注目する判例が必ず掲載されるとは限らないのです。続いて全裁判所を対象にキーワード「（アスベスト OR 石綿）AND 損害賠償」で検索をすると42件がヒットし,最高裁判所（4件）[8]のほかに多くの事件が下級裁判所で審理されていることもわかりました。

　次に,有料 DB（LEX/DB インターネット）で検索すると,大阪アスベスト訴訟4件すべての判決が見つかり,事案概要,判決要旨,判決全文（一部図表あり）や判例評釈,参照法令などもわかります。

(2) 新聞で探す

　本最高裁の判決要旨が裁判翌日の新聞朝刊に掲載されまし

た。このように注目される裁判については、新聞に判決要旨が出ることも多くあります。事件についての経緯や問題等の解説も書かれているので、判決の理解に役立ちます[9]。

(3) 図書・論文・判例評釈やインターネットで探す

アスベスト訴訟事件の背景や経緯、裁判の争点、判例・学説の整理などがよくわかれば、判例の理解に役立つさらなる判例検索を行うことができます[10]。

アスベストによる健康被害（石綿肺、肺がん、中皮腫等の慢性疾患）は曝露十数年から平均約40年を経て生じる上、アスベストを扱う工場労働者や運送業・建設業従事者等が罹患する労災型や工場周辺住民が罹患する公害型等があり、現在各地で被害者およびその遺族の方々が、企業や国の賠償責任を求める裁判を進めています（横浜建設アスベスト訴訟、クボタ尼崎アスベスト訴訟、九州建設アスベスト訴訟ほか）。今後、阪神・淡路大震災と東日本大震災により破壊された多くの建築物や機械製品に含まれていたアスベストによる新たな環境問題も予想されています[11]。アスベスト訴訟事件の全体を知り、争点となっている国や企業の責任がどう判断され、被害者の救済がどのように進められていくのか、関連する多くの判例を評価することは重要です。70年から80年代をピークにアスベストはさまざまな産業で使われたため、その被害の全容はまだ明らかでないとの指摘もあり、隠れた被害が掘り起こされ、早く救済の道につながることが求められます[12]。

9.4 おわりに

8章で説明された資料やDBを中心に,判例を調べる方法を概説しました。判例についてあらかじめどれくらいの情報を得ているかによって利用するツールに違いが生じます。裁判所名・裁判年月日・事件番号などが特定した判例ならば入手の道があります。判例掲載誌やDBを利用してテーマなどに関連した判例を探す方法もあります。そして実際に検索を繰り返すことによって,資料やDBの特徴をより正確に理解し,必要かつ十分な判例検索へとつながっていくものと考えます。

注
1) 判例が文献に掲載されるまでには以下のようなタイムラグがあります。「裁判所Web」には,判決当日から2週間後,『裁判所時報』(最高裁判所事務総局,月2回刊)には2週間〜1か月後,『判例時報』(判例時報社,月3回刊),『判例タイムズ』(判例タイムズ社,月2回刊)や分野別雑誌(『Law & Technology』(民事法研究会,年4回刊),『判例地方自治』(ぎょうせい,月1回刊),『金融・商事判例』(経済法令研究会,月2回刊)ほか)には1〜6か月後,公式判例集には6か月〜1年以降に掲載されます。収録した判例が有料DBに反映されるまでに時間がかかる場合もあり,その間は直接判例掲載誌を調べる必要があります。その他,いしかわまりこ[ほか]著『リーガル・リサーチ 第4版』(日本評論社,2012,p.146以下)を参照してください。
2) 池田真朗編『判例学習のA to Z』有斐閣,2010,井口茂著,吉田利宏補訂『判例を学ぶ.新版』法学書院,2010,中野次雄『判例とその読み方.三訂版』有斐閣,2009,国立国会図書館議会官庁資料室「調べ方ガイダンス—判例を調べるには」2011(http://

rnavi.ndl.go.jp/guidance/tmp/201108_hanrei.pdf),いしかわまりこ「法情報資料室 やさしい法律の調べ方」(http://www007.upp.so-net.ne.jp/shirabekata/),「齊藤正彰＠北星学園大学のHP」(http://www.ipc.hokusei.ac.jp/~z00199/), 門昇「法情報の世界」(http://www.law.osaka-u.ac.jp/~kado/), 京都大学大学院法学研究科附属京都大学国際法政文献資料センター「日本の法律文献・政府行政文書の調べ方」(http://ilpdc.law.kyoto-u.ac.jp/manual-japan.htm) ほか

3) (ク) といった符号は,各事件（民事・刑事・行政・家庭・法廷等の秩序維持に関する法律違反など）記録符号規定に基づき付されます。前掲『リーガル・リサーチ』(p.163以下),裁判所Webサイト「裁判例情報」の「各判例について」(http://www.courts.go.jp/picture/hanrei_help.html)

4) 法律編集者懇話会による「法律文献等の出典表示方法 2014年版」(http://www.houkyouikushien.or.jp/katsudo/index.html) が略語に詳しいです。前掲『リーガル・リサーチ』p.380以下（2005年版あり）。

5) 前掲『リーガル・リサーチ』p.146-147

6) 国立国会図書館「リサーチ・ナビ」で所蔵する資料やリンク先が紹介されています。「日本・判例資料」(http://rnavi.ndl.go.jp/politics/entry/Japan-hanrei.php)

7) 法務省「国に関する訟務情報」の「係属中の主な訴訟の概要」の中に「アスベスト訴訟（平成26年8月1日現在）」があります。http://www.moj.go.jp/shoumu/shoumukouhou/shoumu01_00026.html（2014.11.8検索）

8) 大阪アスベスト訴訟（最判平26.10.9 平26（受）771と平23（受）2455),近畿日本鉄道事件（最判平25.7.12 平22（受）1163),筑豊じん肺訴訟（最判平16.4.27 平13（受）1760)

9) 10月27日,最高裁判決を受けて国が責任を認め,原告らに謝罪し,和解を申し入れ,12月26日大阪アスベスト訴訟（第1陣）原告一部と和解が成立しました（2014.10.27 毎日新聞ほか）。和解

に至らない原告や裁判外で救済されていない健康を害した多くの人々の命に係わる問題であり，国や社会による早急の解決を願います。

10) 判時 2241 号 p.3，13，判タ 1408 号 p.32，八木倫夫「泉南アスベスト訴訟―国は知ってた。できた。でもやらなかった。（［特集］最高裁判決 2014　弁護士が語る）」『法学セミナー』721 号，2015，p.15，戸部真澄『新・判例解説 Watch（法学セミナー増刊）』（Web 版 2014.12.19 掲載）文献番号 z18817009-00-021501153，杉原丈史『新・判例解説 Watch（法学セミナー増刊）』15 号，2014，p.45，高木光「省令制定権者の職務上の義務―泉南アスベスト国賠訴訟を素材として」『自治研究』90 巻 8 号，2014，p.3，大久保規子「泉南アスベスト国家賠償第 2 陣訴訟高裁判決意義―アスベスト被害と国家賠償」『環境と公害』44 巻 1 号，2014，p.22，高橋直「論説・解説　解体工事におけるアスベスト飛散に関する大気汚染防止法の改正と残された課題」『Law & Technology』64 号，2014，p.23，朝田とも子「アスベスト被害と国の責任」『熊本法学』130 号，2014，p.454，高橋信行「建築作業員石綿健康被害訴訟」『自治研究』90 巻 3 号，2014，p.122，前田定孝『重要判例解説（別冊ジュリスト）』ジュリスト 1466 号，2014，p.51，前田陽一『判例評論（判例時報別冊付録）』661 号，2014，p.21，高橋眞『私法判例リマークス（法律時報別冊）』48 号，2014，p.62，下山憲治「東京建設アスベスト訴訟」『法学教室』402 号，判例セレクト 2013［Ⅱ］p.12，同「アスベスト裁判例の動向」『環境法研究』38 号，2013，p.227，松本克美『新・判例解説 Watch（法学セミナー増刊）』13 号，2013，p.89，同「共同同不法行為と加害行為の到達問題」『立命館法学』339・340 号，2011，p.2843，同「日本におけるアスベスト訴訟の現状と課題」前誌 331 号，2010，p.862，森裕之「アスベスト推進政策と政府の責任」『法と民主主義』472 号，2012，小野寺利孝「首都圏建設アスベスト訴訟の現状と展望」前掲，八木倫夫「大阪泉南アスベスト国賠訴訟の判決の状況と今後の展望」前掲，西村隆雄「司法の責任を放棄する建

設アスベスト横浜地裁判決」前掲，淡路剛久「権利の普遍化・制度改革のための公害環境訴訟」『公害環境訴訟の新たな展開―権利救済から政策形成へ』p.23，日本評論社，2012，中皮腫・じん肺・アスベストセンター編『アスベスト禍はなぜ広がったのか―日本の石綿産業の歴史と国の関与』日本評論社，2009，石綿対策全国連絡会議編『アスベスト問題の過去と現在―石綿対策全国連絡会議の20年』アットワークス，2007，ほか。

11）「中皮腫・じん肺・アスベストセンター」（東京）や「関西労働者安全センター」（大阪），アスベスト弁護団，首都圏建設アスベスト訴訟原告団ほかでもインターネット上で，訴訟状況を掲示しています。判例掲載誌の一例です：泉南アスベスト訴訟第一陣：大阪地判平22.5.19（裁判所Web，判時2093号，訟月58巻9号p.3218，大阪高判平23.8.25（判時2135号，p.60，訟月58巻9号，p.3089，判タ1398号，p.90），泉南アスベスト訴訟第二陣：大阪地判平24.3.28（判タ1386号，p.117），大阪高判平25.12.25（有料DB）。「震災アスベスト研究会（神戸大学・立命館大学・神戸新聞社・NPO法人ひょうご労働安全衛生センター）」や「NPO法人東京労働安全衛生センター」などが石綿の飛散状況の調査・研究を行っています。

12）アスベストの被害者らでつくる「中皮腫・アスベスト疾患・患者と家族の会」（東京，2004年2月発足）が，石綿健康被害救済法（2006年3月施行）で救済に結びついていない被害の掘り起こしを全国各地で進めています（朝日新聞2014.8.5）。全国労働安全衛生センター連絡会議が「石綿ばく露作業による労災認定等の事業場一覧」（http://joshrc.info/?page_id=69）を紹介しています。厚生労働省の「アスベスト（石綿）情報」では，「アスベスト（石綿）の和解手続について」ほかを掲載しています（http://www.mhlw.go.jp/stf/seisakunitsuite/bunya/koyou_roudou/roudoukijun/sekimen/index.html）。

10章 判例評釈を探す

10.1 はじめに

　"判例評釈"という言葉は，法学になじみのない読者にとっては聞き慣れないかもしれません。「評釈」を『広辞苑』（第6版）で引いてみると，「文章・詩歌を批評し，かつ解釈すること。また，そのもの」とあります。法学の世界において，特定の判例を研究，批評する判例評釈は，日々発表されており，法学論文の中の一ジャンルを築いてきました。この章では，8・9章で説明した判例を理解する上で手助けとなる判例評釈の探し方について，具体的な例を使って紹介します。

10.2 判例評釈とは

　判例評釈は，ある判決（決定・命令を含む）について，意義やその判例が適用される範囲，問題点などについて述べたものとされます。判例評釈のほかに，判例研究や判例批評，判例解説とも呼ばれますが，判例解説というときには，執筆者の私見を抑えた客観的な説明が多いようです[1]。この章では主に判例評釈と呼びます。

　いわゆる「生きた法」である判例は，今後の裁判，ひいて

は一般社会に影響を与えることがあります。したがって，その判例の主旨や判例・学説との関係，問題点や今後の予測を行う判例評釈は，裁判実務にも参考になるものです。「時としては，その判例に対する学者の側からの説得力のある批評が最高裁判所の考え方を動かし，判例変更を促すこともありえないではない」[2)]とされ，新たな判例を生み出す力になることもあるでしょう。このようなこともあって，研究者や実務家は多数の判例評釈を発表し，またそれらを探すためのツールも整備されてきました。

10.3 判例評釈掲載誌の種類

　判例評釈は，判例評釈誌，法律総合雑誌，分野別法律雑誌，大学紀要，学会誌など紙媒体の資料からWebサイトまで，多様な媒体に掲載されます。この章では，情報の安定性に加え現状では判例評釈が主に紙媒体に発表されることを踏まえ，紙媒体の資料を中心に紹介します。

　判例評釈は判例解説や判例研究とも呼ばれているように，実に多様です。主観を抑えてわかりやすく説明したものから賛否などの批評を加えたもの，ページ数もコンパクトにまとまったものから数十ページに及ぶものもあります。執筆者によっても研究者と実務家とでは，視点の異なる判例評釈になると思われます。網羅的に探している場合は別として，多くの判例評釈情報から，例えば「手短にわかりやすく解説されたものがほしい」，「研究者の意見が書かれたものが読みたい」など自分の目的にあった判例評釈を選択するためには，その掲載誌の特徴を知っておくことが一つの手がかりになり

ます。判例評釈が掲載される資料は，以下の3種類に分類できます（図10-1）。

(1) 『最高裁判所判例解説』民事編，刑事編（法曹会）

　最高裁判所判例集に登載された判例について，最高裁判所調査官が，問題の所在や第一審・第二審の判断，これまでの学説，裁判例の状況，結論，意義などについて詳細に解説したものです。「調査官解説」とも呼ばれる所以です。最高裁判所調査官は，下級裁判所での実務経験が10年以上の裁判官から任命されており，裁判官の命を受けて当該事件の審理や裁判について調査にあたるとされています。当該事件を担当した調査官が執筆していることで，重要な解説であるといえますが，はしがきにも記してあるように，調査官の個人的意見に基づいて解説したものである点には注意が必要でしょう。『最高裁判所判例解説』は，『法曹時報』（法曹会，月刊）に毎月掲載されている「最高裁判所判例解説」を年度ごとにまとめたものです。その他『最高裁　時の判例』（『ジュリスト』増刊，有斐閣，不定期）にも調査官執筆の解説が掲載されます。

(2)　商業誌
a)　判例評釈誌

　法律総合雑誌や判例雑誌の増刊，別冊の形態で定期的に刊行されているものが多いです。代表的な雑誌に，『判例百選（別冊ジュリスト）』シリーズ（有斐閣，不定期）があります。学生を主な対象とした判例解説集で，憲法，民法，刑法等の基本科目から知的財産法や金融商品取引法などの応用・先端

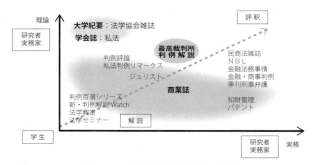

図 10-1　判例評釈掲載誌の種類

科目に対応する法分野ごとに刊行されています。主に数年の教育経験がある研究者が執筆し，見開き 2 ページの中に，事実の概要，判旨，解説，参考文献までコンパクトにまとめられています。学習教材としての性格から，客観的な解説であることに加えて判決本文の引用を重視しているため，「意外と読みづらい」と戸惑うこともあるかもしれません。改訂は 6 年を目途に行われています。年度ごとの解説としては同じ有斐閣から刊行されている『〇年度重要判例解説（ジュリスト臨時増刊）』がよく利用されています。このほか，学生を主な対象とした雑誌に，『新・判例解説 Watch（法学セミナー増刊）』（日本評論社，年 2 回）や『判例セレクト（法学教室 2・3 月号別冊付録）』（有斐閣）などがあります。

　一方，研究者や実務家を主な対象とした雑誌としては『判例評論（判例時報別冊付録）』（判例時報社，毎月 1 日号）や『私法判例リマークス（法律時報別冊）』（日本評論社，年 2 回），『〇年度主要民事判例解説（判例タイムズ別冊）』（判例タイムズ社，年刊）などがあります。また，学生を主な対象とした『判例

百選(別冊ジュリスト)』シリーズに対して,「実務家による,実務家のための,実務に真に役立つ判例解説集」として2013年に創刊された『実務に効く判例精選シリーズ(ジュリスト増刊)』(有斐閣,不定期)も注目の雑誌といえるでしょう。

b) 法律総合雑誌

学生を主な対象とした『法学教室』(有斐閣,月刊)や『法学セミナー』(日本評論社,月刊),研究者・実務家を主な対象とした『ジュリスト』(有斐閣,月刊)や『論究ジュリスト』(有斐閣,季刊),『法律時報』(日本評論社,月刊)などに最新の重要な判例評釈が掲載されています。

c) 分野別法律雑誌

民事法系では『民商法雑誌』(有斐閣,年10回)や『NBL』(商事法務,月2回),『金融法務事情』(金融財政事情研究会,月2回),『金融・商事判例』(経済判例研究会,月2回),刑事法系では,『季刊刑事弁護』(現代人文社,季刊)や『刑事法ジャーナル』(成文堂,季刊)などの分野別法学雑誌にも,その分野で注目される判例評釈が総合誌と比較して早い時期に掲載されるものもあります。「10.4 判例評釈の探し方」の事例で扱う知的財産法分野では,『知財管理』(日本知的財産協会,月刊),『パテント』(日本弁理士会,月刊),『Law & Technology』(民事法研究会,季刊),『知財ぷりずむ』(経済産業調査会,月刊),『A.I.P.P.I』(日本国際知的財産保護協会,月刊)などがあり,主に実務の視点から執筆された判例評釈が掲載されています。

(3) 大学紀要・学会誌

大学紀要とは,大学や大学所属の研究機関が編集・発行す

る学術論文誌です。所属する教員や大学院生などが執筆し，その研究成果を発表することを目的とした雑誌です。雑誌名は大学の名称を冠したもの（例：『成城法学』（成城大学）など）が多いですが，『法学協会雑誌』（東京大学）や『法学新報』（中央大学）など大学名を冠していないものもあります。学会誌は，例えば日本私法学会における『私法』（有斐閣，年刊）のように，各分野の学会で定期的に発行される機関誌です。これらの雑誌にも，研究に主眼を置いた判例評釈が掲載されます。

10.4 判例評釈の探し方

判例評釈を探す方法として，従来は『判例時報』増刊『戦後判例批評文献総目録』や『続判例批評文献総目録』，『法律時報』巻末の「文献月報　判例評釈の部」，『法律判例文献情報』（第一法規，月刊）などの雑誌から，判例評釈が掲載されている雑誌等の情報を得る方法が一般的でした。この章では，主に法律系データベース（DB）を使った探し方を紹介しますが，これらのDBも紙媒体の蓄積を元に開発されたものであり，現在でもDBに収録される前の判例評釈情報については，依然として紙媒体の資料が有益であるといえます。

また，判例評釈を探すときに心に留めておきたいことは，判例をわかりやすく説明した解説であっても，執筆者の意見が反映されたものもあるという点です。判例の論点を一部のみ取り出して検討したものもあるでしょう。一つの判例評釈を見つけてこれでよしとせず，複数の判例評釈を探すことが判例の理解を深めるために重要であるといえます。

なお，法律文献を引用する際，例えば『判例時報』を「判時」と略して表記しますが，このような雑誌名の略称を調べるには，『法律時報』1月号巻末掲載の「文献略語表」や注1）で挙げた法律編集者懇話会による「法律文献等の出典の表示方法」を利用するとよいでしょう。

　次に，事例をもとに特定の判例についての判例評釈の探し方を具体的に紹介していきます。

《事例》平成19年11月8日の最高裁判所第一小法廷（平成18年（受）第826号）判決の判例評釈を探したい。

　この判決は，特許製品であるインクジェットプリンター用カートリッジのリサイクル品の販売が，特許侵害となるかが争われたものです。環境保護への関心が高まる中で，リサイクルと特許制度の衝突問題として産業界を中心に世間の注目を集め，日本経済新聞（2007（平成19）年11月9日1面，9面）などでも取り上げられた著名な判決です。また，最高裁判所が特許製品に対する加工と消尽に関する問題について，初めて判断基準を示した判例ということもあり，判例評釈が多数発表されています。

　さまざまな媒体に掲載される判例評釈を効率的に探すためには，(1) DBを使って判例評釈の書誌情報（著者名，タイトル，雑誌名，巻号数，刊行年月日などの情報）を検索する，(2) OPAC（蔵書検索）で所在情報（入手できる図書館など）を検索し，大学図書館や公共図書館などで入手するという手順となります。

(1) 書誌情報を探す

DB によって，収録対象資料や収録年代，更新頻度，検索項目等が異なるため，それぞれの特徴を踏まえた上で利用することが重要です。まず，さまざまな付加価値のある有料DB，次にインターネットに接続できる環境であれば誰でも利用できる無料 DB を使って，本事例の判例評釈の探し方を紹介します。

a) 有料 DB

・「D1-Law.com 法律判例文献情報」(第一法規)

『法律判例文献情報』を DB 化した，文献調査 DB です。1982(昭和 57)年以降に刊行された約 1,600 誌の雑誌や図書等法律関連文献及び判例の書誌情報 65 万件以上を収録しています。法令 DB「現行法規」や判例 DB「判例体系」との相互リンクにより法情報を総合的に入手することができます。

判例評釈を探すとき，事件番号や裁判所名，判決等年月日がわかっていると効率的に探し出すことができます。「法律判例文献情報」の「文献編」画面に本事例の事件番号「平成 18 年(受)第 826 号」，または判決年月日「平成 19 年 11 月 8 日」と裁判所名「最高裁判所」を入力すると，2007(平成 19)年 12 月から 2014(平成 26)年 4 月発行までの判例評釈情報がヒットします(図 10-2)。前述の『最高裁判所判例解説』や知的財産法分野の雑誌などの分野別法律雑誌，さらには『知的財産法最高裁判例評釈大系(1)』(青林書院，2009)など図書に収録されている論文まで検索できます。同じ著者が執筆した他の論文を参照できることや，『最高裁判所判例解説』の掲載ページが「p.756〜801」というように，評釈の分量がわかるのも便利です。後述する論文 DB「CiNii」(国

図10-2 D1-Law.com 法律判例文献情報 検索画面

図10-3 D1-Law.com 判例体系 検索画面

10章 判例評釈を探す………147

立情報学研究所）や「Vpass」（有斐閣が提供する有斐閣重要判例検索サービス，要契約）との連携により，判例評釈情報のみならず，判例評釈の本文を読めるものもあり，より利便性が高まっているといえるでしょう。

また，判例DB「判例体系」で判例を検索し，「この判例の関連情報」の中から判例評釈情報を入手することもできます（図10-3）。総合DBは，法情報を入手する上で強力なツールとなっています。

・「法律文献総合INDEX」（日本評論社）

『法律時報』の巻末に掲載されている文献情報と判例評釈の書誌情報をDB化したものです。創刊号（1929（昭和4）年）から最新号の1か月半前まで収録しています。法律学や政治学関係の単行本，約650誌の雑誌などから作成されています。情報元が『法律時報』ということもあり，代表的な掲載誌の情報を入手できます。

・その他のDB

「Westlaw Japan」（ウエストロー・ジャパン）は，北海道大学大学院法学研究科と提携して評釈情報を提供しており，採録対象誌は幅広いです。「Lexis AS ONE」（レクシスネクシス・ジャパン）は，いわゆる"囲み記事"（通常判例の冒頭に付される判例を解説した記事）の収録対象誌が多く，特に判例を読み慣れない方にとって，判例を理解する上で役に立つでしょう。『判例タイムズ』（判例タイムズ社，月刊）が収録されているのは，「D1-Law.com」や「Westlaw Japan」と同様ですが，その他『金融法務事情』や『金融・商事判例』，『労働判例』（産労総合研究所，月2回）も収録されています。「LLI/DB判例秘書INTERNET」・「判例秘書アカデミック版LLI統合型法律

情報システム」(LIC) は，主要法律文献，例えば『最高裁判所判例解説』,『判例タイムズ』,『ジュリスト』,『判例百選（別冊ジュリスト）』シリーズ,『法学教室』,『金融法務事情』,『金融・商事判例』,『銀行法務 21』（経済法令研究会，月刊),『労働判例』などの本文をPDFファイルで読むことができます。

なお，有料 DB は，公共図書館でも導入が進められていますので，最寄りの公共図書館の契約状況を調べてみるとよいでしょう。神奈川県では，県内の公共図書館 75 館のうち，20 館で 1 種類以上の法律系 DB が導入されています[3]。

b) 無料 DB

・「国立国会図書館サーチ」（国立国会図書館）

2012（平成 24）年から開始された，国立国会図書館をはじめ全国の公共図書館や学術研究機関等が提供する資料やデジ

図 10-4　国立国会図書館サーチ　検索画面

タルコンテンツを統合的に検索できるサービスです。納本制度により国内で発行された資料を網羅的に検索できるのが最大の特徴といえます。前述の法律に特化した DB と異なり，幅広い分野の書誌情報を検索できることで，より漏れの少ない検索が可能となります。判例評釈のタイトルに判決等の年月日が含まれていることが多い点を利用し，「詳細検索」の「タイトル」欄に裁判年月日「19.11.8」と入力することで，判例評釈を検索することができます（図 10-4）[4),5)]。原則的に 3 ページ以上の記事が採録対象となりますが，特集等を一括採録する基準があるため，1 冊全体が特集とみなされる『判例百選（別冊ジュリスト）』シリーズは検索できない点には注意が必要です[6)]。

・「CiNii Articles」（国立情報学研究所）[7)]

　学術論文情報を検索の対象とする論文データベース・サービスです。学協会刊行物（国立情報学研究所）・大学研究紀要・雑誌記事索引データベース（国立国会図書館）などの収録データベースにより，1,600 万件という膨大な論文情報から判例評釈を検索できるだけでなく，約 400 万件の本文を読むことができます（2014 年 4 月現在）[8)]。

(2) 所在情報を探す

　書誌情報を収集した後，それぞれが所属する機関の図書館等で OPAC（蔵書目録）を検索し，求める判例評釈を入手することができます。日常的に利用する図書館で所蔵していない場合でも，図書館間の相互協力により，資料の取り寄せや複写が可能です。大学図書館の所蔵状況については，「CiNii Books」（国立情報学研究所）[9)]で横断的に調べることができま

すし,公共図書館についても,県内の複数の公共図書館等の所蔵状況を検索できる総合目録の整備が進んでいます[10]。

一方,Webサイトで入手できる資料も増えており,例えば本事例でヒットした『パテント』(日本弁理士会)は,2002(平成14)年1月号以降の掲載記事のうち,著者の承諾を得たものについてPDFファイル形式でWeb上で公開しています。

大学紀要も同様で,本事例で「Westlaw Japan」で検索できた大学紀要掲載の判例評釈5件のうち,『国士舘法学』(国士舘大学)など3件を各大学のホームページで読むことができます。

10.5 おわりに

判例評釈は,さまざまな媒体に掲載されますが,有料・無料DBを利用することで効率的に探すことができます。DBは,採録対象誌や更新時期,判例評釈と法律論文の区別などが各社で異なるため,検索結果に違いがあります。判例評釈を探す際にはなるべく複数のDBを利用した方が漏れの少ない検索につながります。また,判例評釈掲載誌の特徴をおさえておくことで,DBの検索結果からより効果的に自分の目的に合った判例評釈を選択することができるといえるでしょう。そして,判例をより理解するためには,複数の判例評釈にあたってみることが重要です。

DBに収録される前の最新の判例評釈については,10.3で紹介した雑誌や『法律判例文献情報』などの新刊で探すことができるように,判例評釈は幅広く探すことが求められると

いえます。

注

1)「判例解説」と呼ぶ場合,10.3 で紹介する『最高裁判所判例解説』を指すという考え方もあります。例えば法律編集者懇話会「法律文献等の出典の表示方法 2014 年版」(http://www.houkyouikushien.or.jp/katsudo/pdf/houritubunken2014a.pdf)「3　判例研究」において「『判例解説』(最高裁調査官解説)の場合は『判解』としてもよい」と記載されています。

2) 中野次雄編『判例とその読み方 3 訂版』有斐閣,2009,p.112

3) 神奈川県図書館協会編『神奈川の図書館 2013』神奈川県図書館協会,2013,p.16-23

4) 齊藤正彰「判例評釈サーチ」(http://www.ipc.hokusei.ac.jp/~z00199/cn/cn-search.html) や富山大学経済学部資料室「判例評釈カード：判例・文献の探し方案内」(http://www3.u-toyama.ac.jp/dsec/hanreic.htm) など。

5)「国立国会図書館サーチ」で検索してもヒットしなかった『法曹時報』掲載の判例評釈が,「NDL-OPAC 雑誌記事索引」(国立国会図書館) ではヒットしました。このような結果になる理由としては,まず,「国立国会図書館サーチ」の検索では,入力されたままの文字とデータを照らし合わせて検索する方式を採用しているのに対し,「NDL-OPAC」では,入力された文字を 2 文字ずつ分割して,そのすべての断片を含むデータを検索する方式を主に採用しているためです。したがって,「NDL-OPAC」はノイズが多いものの,漏れの少ない検索が可能であるといえます。また,データ同期のタイミングで,検索対象が異なる場合がある可能性もあります。

6)「雑誌記事索引採録誌選定基準」http://www.ndl.go.jp/jp/data/sakuin/sakuin_select.html#article

7)「CiNii Articles」http://ci.nii.ac.jp/

8) 本文がその場で読めるのは，大学や研究所諸機関が論文等研究成果をデジタル化する活動が盛んになっており，それらを各機関ごとにリポジトリと名づけているサーバーに集積し公開していることによります。CiNii Articles が，リポジトリの論文にリンク付けをしていることにより，検索のみならず閲読までを可能にしています。
9)「CiNii Books」http://ci.nii.ac.jp/books/
10) 日本図書館協会「都道府県の総合目録」http://www.jla.or.jp/link/link/tabid/167/default.aspx

11章 審決・裁決等を探す
——準司法的手続

11.1 はじめに

8章～10章で説明のあった判例は，裁判所が判決などの形式で下した司法手続の結果（司法判断）です。一方で，裁判所の行う司法手続に類似した周到な手続で行われるものとして，準司法的な手続（以下「準司法的手続」）[1]があります。

この章では，裁判（司法手続）とは別に設けられている準司法的手続の意義や特徴を説明した上で，その審判結果を示した審決・裁決等のリサーチを説明します。

11.2 準司法的手続とは

準司法的手続は，私的な法律問題（紛争）を公権的に解決する際に，われわれが取ることのできる手続の一つです。行政委員会またはこれに準ずる行政機関が行う行政審判におい

表 11-1　司法手続と準司法的手続の比較

	審理機関	審理方法	審理結果
司法手続	裁判所	裁判	判決等（判例）
準司法的手続	行政機関 （行政委員会等）	行政審判等	審決・裁決等

表 11-2 準司法的手続の主な制度

行政機関 (審理機関)	根拠法	申立方法	判断結果	司法との関係	
				審級省略	実質的証拠法則
特許庁	特許法 第 121 条 123条 125 条の 2	審判請求	審決	○	○
公正取引委員会	独占禁止法 第 49 条 50 条	審判請求	審決	○	○
公害等調整委員会	土地利用調整手続法 第 25 条	裁定の申請	裁定	○	○
電波監理審議会	電波法 第 86 条	異議申立て	決定	○	○
海難審判所	海難審判法 第 30 条	—	裁決	○	×
国税不服審判所	国税通則法 第 75 条	異議申立て・審査請求	裁決	×	×
中央労働委員会	労働組合法 第 27 条の 10	異議申立て	命令	×	×

て主に採用されています[2]。狭義には，行政審判の手続を指すことが多いようですが，ここでは厳密な意味での行政審判の定義には該当しないものの，通常の行政手続よりも，(1)審理機関（担当者）の独立性・中立性・専門性が強く，(2)審理手続の慎重を確保し，あるいは当事者の手続的権利を充実させている[3]各種制度を対象とし，特に，表 11-2 に掲げたものを中心に説明していきます。具体的には，特許庁の下す審決や中央労働委員会の行う命令などです。なお，公正取

引委員会の審決はこれまで数多く出されてきましたが,先の法改正で審判制度が廃止されました。ただし,それ以前から係属中の事件では,審決が出されます[4]。

表11-2で示されるように準司法的手続は,司法手続(裁判)と比べると審理機関や根拠法などが多種多様です。また,あまり知られていない手続のため,その分リサーチも難しくなってきます。しかし,その法的結論を示した審決等は,当該分野においては判決に近い実務上の取扱いがなされることもある重要な法情報といえます。したがって,こうした審決などに関する記事が新聞に掲載されることも実は少なくありません。

ですから,この章では,準司法的手続という司法手続と似て非なる制度が設けられていることを理解した上で,審決等のリサーチ方法を知ってもらうことを目的とします。

11.3 準司法的手続の意義

準司法的手続は,特許や国税など各分野の特殊性に対し,行政がその専門性を生かした判断機能をもつことによって,速やかに権利利益の保護救済や行政の適正の確保を図り,厳格な司法手続とは別の手続として,簡易・迅速に,また柔軟に紛争を処理するという意義があります。また,司法手続と準司法的手続が,それぞれの特徴を活かした手続を提供し,われわれが双方の手続を選択できるようにするという利点もあります[5]。

具体的な事例として,2013年3月の新聞記事を紹介しましょう。「大阪市が職員を対象に実施した労働組合・政治活

動の実態に関するアンケートについて、大阪府労働委員会が25日、不当労働行為と認定し、調査を繰り返さないことを誓約する文書を職員労組に手渡すよう市に命令したことについて、橋下徹市長は同日夜、命令に不服として、中央労働委員会への再審査申し立てか、地方裁判所に命令取り消し行政訴訟を起こすかを選ぶ意向を明らかにした」[6]とありました。こうした事例以外にも、企業や個人が現実の紛争を解決する手続として、裁判だけではなく、準司法的手続を利用することが実際に行われているのです。

11.4 司法手続と準司法的手続の違い

前項までで、準司法的手続とはどんな制度か、その特徴や意義などを説明してきました。ここからは、それらを踏まえ、準司法的手続が司法手続類似ではあるものの、司法手続とは異なる点について、法律紛争処理という観点から（どのように違うか）説明していきます。

図 11-1 に示したように、裁判（司法手続）と準司法的手続

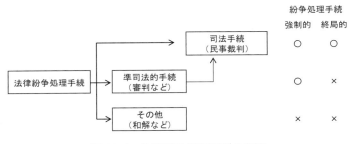

図 11-1　法律紛争処理手続の概観

とも，両当事者の合意がなくても紛争処理手続が開始され，最終的には裁判所や行政委員会等の拘束力ある紛争処理がなされるという点において強制的ではあるものの，終局的な紛争処理（手続）か否かの違いがあることがわかります[7]。

裁判については，憲法第76条第1項で「すべて司法権は，最高裁判所及び法律の定めるところにより設置する下級裁判所に属する」と定められています。また，第81条では「最高裁判所は，一切の法律，命令，規則又は処分が憲法に適合するかしないかを決定する権限を有する終審裁判所である」とされています。こうしたことから，裁判は終局的な紛争処理手続といえます。

一方，準司法的手続は，終局的ではありません。それは憲法第76条第2項で，「特別裁判所は，これを設置することができない。行政機関は，終審として裁判を行ふことができない」と定められているためです。これが準（司法的手続）の所以であると考えられます。

なお，強制的な紛争処理ではなく，当事者間の合意によって解決を図ろうとする和解などの手続も，手段としてあります。

11.5 準司法的手続と司法手続（裁判）との関連性

前項では，司法手続との違いについて説明しました。その一方で，準司法的手続は，司法手続類似の手続として，司法手続と関連する部分があります。その点について，ここでは二つの特徴を紹介していきます（図11-2参照）。

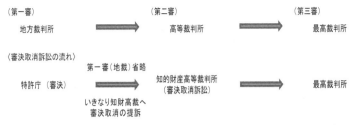

図 11-2 通常の訴訟と審決後(審級省略)の訴訟の流れ

(1) 審級省略

準司法的手続のすべてではありませんが,いくつかの制度では,審級省略というものが認められています。

前述したように,もし行政機関から下された審決等に不服があった場合,準司法的手続は終局的な紛争処理ではないので,裁判所へ訴えることができます。審級省略とは,その場合に,通常の第一審を行う裁判所ではなくて,第二審以降を行う裁判所の管轄とすることで,審決等に実質的に第一審の機能をもたせるというものです。図 11-2 に,通常の裁判の流れと特許庁審決に不服があり,その審決の取消しを求めて,訴訟を提起する場合のイメージをフローで示しましたので,比較してみてください。ちなみに,実際に地方裁判所で審理された特許侵害訴訟が第二審へ控訴される数よりも,特許庁審決を経て知的財産高等裁判所に提訴される審決取消訴訟の方がはるかに多くなっています[8]。

このように司法手続とリンクさせることで,準司法的手続の重みが増すとともに,紛争処理の迅速化・効率化などが図られています。

(2) 実質的証拠法則

こちらもすべての制度ではありませんが、準司法的手続における審判の適否を裁判所が審査する場合に、行政機関のした事実認定に合理的な証拠の認められる限りは、裁判所は自ら事実認定を行うことはなく、その事実認定を尊重するという法則があります。これは、行政審判が裁判類似の手続により専門的、技術的な事柄について事実認定を行うのに対して、専門知識を有さない裁判所が必ずしも公正な結果を担保できるとはいい難いと考えられるからです。また、行政手続と司法審査との関係を合理的に調整した結果ともいえます。したがって、原則として新たな証拠調べを要するときには、事件は行政機関に差し戻されることになっています[9]。

このように、準司法的手続は、司法手続（裁判）との関係においても、一定の権限が認められています。そのことから準司法的手続の有用性や効率性が高まっているところもあると考えられます[10]。

11.6 審決・裁決等の調べ方

審決等は、上述のとおり行政機関が司法手続（裁判）に準じた手続により下した判断であり、一定の強制力を伴います。判決に近い実務上の取扱いがなされることもあることから、同種の紛争に関して、過去の審決等における結論やそこに至る事実関係などについてリーガル・リサーチをする必要が生じるわけです。例えば、ある会社が自社製品として何十年も使用してきた原材料と形状を表示するもので、一般的に用いられる商品名を商標登録したいとします。ちょうど新聞にそ

の会社の事案と非常に似た内容の記事を見つけました。それは，井村屋の「あずきバー」が原材料（あずき）と形状（バー）を表示するもので，（あずきもバーも）一般的に用いられるものであるから登録できないとする特許庁の審決に対し，その後の裁判ではこれを取り消す旨の判決があり，商標として登録[11]されるというものでした。こうした場合，特許庁がどのような理由から拒絶審決を下し，知的財産高等裁判所がどのような理由から審決を取り消したかを分析することにより，事前の策を講じることができる可能性があります。このように，実務上は特許庁がどのような審決を下したのかまで確認をすることが重要となる場合もあります。図書館では，こうした法律問題を抱える利用者からのレファレンスがあるかもしれません。

　そこで，ここからは審決・裁決等の調べ方について紹介していきます。しかし，いざ過去の事例などを調べようとしたときに，網羅的にまとまったこの分野の資料は非常に少ないのが実情です。判例に関連する資料が必ずしも豊富といえるかは別としても，それらと比べると圧倒的に少ないです。ゆえに，これらの資料だけではリサーチの目的が果たされないこともあります。そのため，例えば，誌名に判例や判例解説などと冠されており判例主体で審決等は一部の掲載であったり，審決以外の特許調査が主体のデータベース（DB）であっても，審決等の情報も含まれているのであれば，この分野のリサーチにとっては，大変貴重な資料やDBとなりますので，その点をまず理解してください。また，後ほど紹介するセミナーやコンファレンスに赴き，そこで少しでも情報を入手して，次の資料や情報などにつなげていくことも，とても

有用なリサーチ方法といえます。そこで，以下ではかなり幅広く有用となりうる資料や情報などを紹介していきます。

(1) 審決・裁決等を調べる DB

審決や裁決等を調べるには，行政機関等が公開する以下のような無料 DB などがアクセスしやすいです。

・特許庁・審決「特許情報プラットフォーム（J-PlatPat）」（独立行政法人工業所有権情報・研修館）

　https://www.j-platpat.inpit.go.jp/

・「知財審決データベース」（パテントビューロ）[12]

　http://shinketsu.jp/

・公正取引委員会・審決「審決等データベース」

　http://www.jftc.go.jp/shinketsu/index.html

・公害等調整委員会・裁定「公害紛争・不服裁定　事件一覧」（総務省）

　http://www.soumu.go.jp/kouchoi/menu/main7ichiran.html

・海難審判所・裁決「裁決の閲覧」（国土交通省）

　http://www.mlit.go.jp/jmat/saiketsu/saiketsu.htm

・「海難審判庁裁決録」（日本財団）

　http://nippon.zaidan.info/kainan/index.htm

・国税不服審判所・裁決「公表裁決事例集」

　http://www.kfs.go.jp/service/

・中央労働委員会・命令「労働委員会関係命令・裁判例データベース」（中央労働委員会）

　http://web.churoi.go.jp/

・「最近の主な中労委命令」（中央労働委員会）

　http://www.mhlw.go.jp/churoi/meirei/index.html

また，有料 DB を利用すると無料 DB にはない付加機能があるのでさらにリサーチしやすいことも多いです。例えば，TKC 社の法情報総合 DB「TKC ローライブラリー」では，判例 DB のメニューとは別に，行政機関等（審決・裁決）DB を用意しており，「特許庁審決検索」，「国税不服審判所裁決検索」，「公正取引委員会審決検索」の個別 DB を設けています。

　「特許庁審決検索」では，図 11-3 のように，フリーキーワード以外にも，審決分類や工業所有権の種類，審判番号，審判種別，法条，審決年月日などの検索項目（図内に点線で枠囲い）から検索できます。

　次に，「公正取引委員会審決検索」でリサーチ例を簡単に紹介します。図 11-4 では事件番号から検索する例（図内に点線で枠囲い）を示し，図 11-5，図 11-6 でその検索結果である書誌情報の一部を示しています。むろん，審決の本文も見ることができます。

　こうした書誌情報を見ていくと，処分の種類や処分年月日，事件名，事件番号，事件の概要，処分の概要などに加え，被審人の氏名も記載されています。逆に，検索時には被審人からのリサーチも可能となっています。備考欄では，審判回数なども知ることができます。また，当該審決の掲載文献も記載されているため，その後原典にあたる場合は参考になりますし，PDF 形式ですぐ見られるものもあります。さらに，関係判例欄（図 11-6 の（ア）参照）を見ると，その後の審決取消訴訟の判例ともリンクしており，ワンクリックで関係する判例にアクセスできるようになっています。評釈等所在情報欄（同（イ）参照）では，この審決の評釈の索引情報が掲

載されており，どの文献にあたればよいかすぐにわかるので重宝します。引用判例欄（同（ウ）参照）では，その審決が引用している審決や判例ともリンクがされています。逆に，被引用判例欄（同（エ）参照）では，その審決がその後の審決や判例に引用された場合（被引用）もリンクがされ，いずれも，ワンクリックで審決等の全文を見られるので，非常に有用です。その他にも，当該審決が参照する法条文にもリンクが貼られ，法令 DB ですぐにアクセスできます[13]。なお，フリーキーワード検索では，企業名での検索でもヒットしてきますので，便利です。

ただし，各 DB によって，リンク付けなどが異なりますので，上述した検索方法以外にも，全 DB を横断検索できる

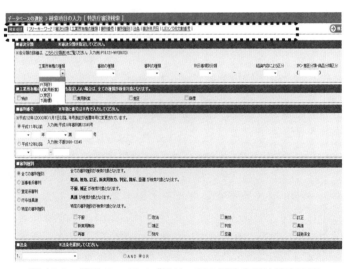

図 11-3　TKC ローライブラリーでの特許庁審決検索画面

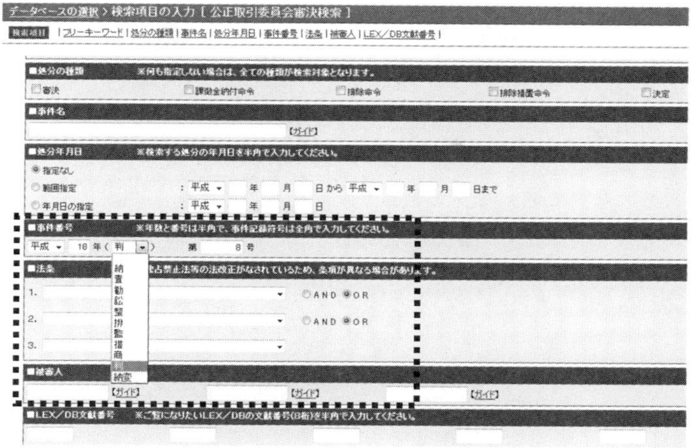

図 11-4 TKC ローライブラリーでの公正取引委員会審決の事件番号からの検索例

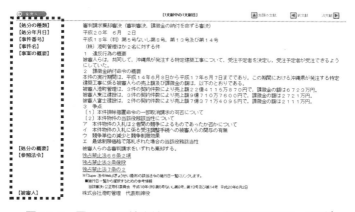

図 11-5 図 11-4 の検索結果：その１（書誌表示欄の一部）[14]

11章　審決・裁決等を探す —準司法的手続……… 165

→全文へ		[1文献中の1文献目]

【関係判例】 (ア)	文献番号：25451468 東京高等裁判所　平成20年（行ケ）第14号 平成21年10月　2日　判決
【評釈等所在情報】 (イ)	〔日本評論社〕 泉水文雄・公正取引698号4頁 　　最近の公正取引委員会審決について〈特集／公正取引委員会審決の紹介〉 白石忠志・ジュリスト1361号124頁 　　最低制限価格で落札された場合の具体的競争制限効果の有無
【引用判例】 (ウ)	（当審決が引用している判例等） 東京高等裁判所　平成15年（行ケ）第308号 平成16年　2月20日 公正取引委員会　平成3年（判）第4号 平成　6年　3月30日 東京高等裁判所　平成6年（行ケ）第80号 平成　8年　3月29日 最高裁判所第三小法廷　平成14年（行ヒ）第72号 平成17年　9月13日 公正取引委員会　平成15年（判）第24号 平成17年　9月28日
【被引用判例】 (エ)	（当審決を引用している判例等） 公正取引委員会　平成23年（判）第1号ないし第3号及び第7号 平成25年　5月22日

図11-6　図11-4の検索結果：その2（書誌表示欄の一部）

「TKCローライブラリーサーチャー」などの機能を使ったり，いろいろな工夫をしていくとよいです。また，情報更新のタイムラグにも注意をしてください。

このような法情報総合DBでは，審決等だけではなく，その審決等に関連する他の審決や法令，判例，文献などの情報も提供されているため，その後のリサーチを素早く進めることができます。こうした利点をもつ有料DB[15]を利用できるなら，ぜひ一度使ってみてください。ちなみに，国立国会図書館では「TKCローライブラリー」を提供していますので，一定の条件の下，無料で利用することができます。

(2) 審決集・裁決集等

　審決・裁決等を紙媒体で探す場合には，まず審決集や裁決集といわれるような以下の資料があります。

- 『公正取引委員会審決集』（公正取引協会）1号（1947）～
- 『公正取引委員会排除命令集』（公正取引協会）1巻（1962）～26巻（2011）
- 『公正取引委員会審決集総合索引』（公正取引協会）1～31巻（1986）および32～41巻（1996）
- 『独占禁止法関係主要審決・判決集』（商事法務研究会）1（1975）～4（1982）
- 『海難審判庁裁決例集』（海難審判協会）1巻（1963）～
- 『裁決事例集』（大蔵財務協会）1集（1970）～
- 『裁決事例要旨集』（大蔵財務協会）平成18年版（2006）ほか
- 『国税不服審判所裁決例集』（ぎょうせい）全12巻加除式（1976）
- 『不当労働行為事件命令集』（労委協会）1集（1950）～
- 『不当労働行為事件命令集』各地方労働委員会等
- 『年間労働判例命令要旨集』各年版（労務行政）

(3) 審決・裁決等掲載誌等（要旨を含む）

　審決集などのほかに，審決などは雑誌等にも掲載されます。ただし，判例と比べるととても少ないです。DBや審決集にない場合には，こうした雑誌等にあたる必要も出てきます。さらに，その他の媒体も用途に応じて利用できるので紹介しておきます。なお，法律事務所等が発行するニュースレターにも掲載される場合があるので，そうしたことも覚えておくといざというときに役立ちます。

- 『判例時報』(判例時報社) 1 号 (1953) ～
- 『審決公報』(特許庁) 1 号 (1938) ～
- 『労働経済判例速報』(経団連出版) 1 号 (1950) ～
- 『中央労働時報』(労委協会) 1 号 (1946) ～
- 『別冊中央労働時報』(労委協会) 1 号 (1968) ～
- 『労働判例』(産労総合研究所) 1 号 (1967) ～
- 『重要労働判例総覧』(産労総合研究所) 1984 年版～
- 『T & A master』(ロータス 21) 1 号 (2003) ～ (国税不服審判所のデータベースにその時点で未登載の裁決を紹介)
- 『実務に効く公正取引審決判例精選 (ジュリスト増刊)』(有斐閣) 7 号 (2014)
- 『論点別特許裁決例事典』(中央経済社, 2014)

その他ソース

- 『CD-ROM 審決公報』(発明協会)
- 『食品商標審決抄録集 CD 版』(日本食品・バイオ知的財産権センター)
- 『労働判例 DVD』(産労総合研究所)

(4) 審決等の評釈をみる

審決等の評釈は,以下の判例評釈が掲載されるような雑誌で掲載される場合があるほか,例えば『海難審判裁決評釈集』など図書等で刊行[16]される場合もあります。

- 『判例回顧と展望 (法律時報増刊)』(日本評論社) 1 巻 (1929) ～ (法律時報の通号)
- 『新・判例解説 Watch (法学セミナー増刊)』(日本評論社) 1 号 (2007) ～
- 『重要判例解説 (ジュリスト臨時増刊)』(有斐閣) 1 号 (1952)

～(ジュリストの通号)
- 『Law & Technology』(民事法研究会) 1 号 (1989) ～
- 『経済法判例・審決百選(別冊ジュリスト)』(有斐閣, 2010)
- 『独禁法審決・判例百選(別冊ジュリスト)』第 6 版ほか(有斐閣, 2002)
- 『メディア判例百選(別冊ジュリスト)』(有斐閣, 2005)
- 『公正取引』(公正取引協会) 1 号 (1950) ～
- 『NBL』(商事法務) 1 号 (1971) ～
- 『ちょうせい』(総務省公害等調整委員会)
  http://www.soumu.go.jp/kouchoi/substance/chosei/main.html
  (電子ジャーナル化)
- 『租税判例百選(別冊ジュリスト)』第 5 版ほか(有斐閣, 2011)
- 『税務事例』(財経詳報社) 1 号 (1988) ～
- 『税経通信』(税務経理協会) 1 巻 (1946) ～
- 『税大ジャーナル』(税務大学校) 1 号 (2005) ～

(5) リサーチ方法の参考書・資料等

次に，各分野のリサーチの参考となる図書や文献を紹介します。リサーチする際の参考にしてください。
- 『税務判決・裁決例の読み方』(中央経済社, 2014)
- 「判例・裁決例の調べ方」『税務弘報』61 巻 4 号 (中央経済社, 2013)
- 「租税法の調べ方」『租税判例百選(別冊ジュリスト)』第 5 版 (有斐閣, 2011)
- 『特許調査入門』(発明協会, 2010)
- 『ひとりでできる特許調査』(情報科学技術協会, 2002)

・『「特許調査」の基礎と応用』（工学図書，2006）
・『実践的特許公報の読み方』（情報科学技術協会，2004）

　その他特許調査に関しては，『知財管理』（日本知的財産協会），『パテント』（日本弁理士会），『発明』（発明協会）や『情報管理』（科学技術振興機構）などに掲載されるので，チェックしてみてください。なお，『情報管理』は以下のURLからアクセスすると資料検索の上，電子的に閲覧できるので便利です（http://www.jstage.jst.go.jp/search/johokanri/-char/ja）。また，各国の特許庁のWebサイトについて知りたい場合には，『情報の科学と技術』（情報科学技術協会）に連載された「たまに使う各国特許庁Webサイトの紹介：○○編」[17]を見ると見慣れない国の紹介もあるので参考になります。

(6) 関連情報

　準司法的手続の各分野に関連する情報を入手するには，各種コンファレンスやセミナーなどが開催されていますので，そこでまず資料や情報を入手して，その後のリサーチにつなげていくのも一つの方法です。例えば，「特許・情報フェア＆コンファレンス」（発明協会等主催）や「弁理士のための審決・判例DB・調査方法の実務入門編」（日本弁理士会研修所主催）など，いろいろなイベントやセミナーが有料のものだけではなく，無料でも提供されているので，ぜひ探して，必要に応じて活用してみてください。

11.7 おわりに

　本稿では，準司法的手続とは何か，その意義や特徴などを

説明しました。その上で，審決等のリサーチ方法を説明しました。表11-2の各種制度に関するものを中心に紹介してきましたが，他の裁決等についても，いろいろなツールが提供されています。この章で示した媒体やリサーチの手順を参考にしてください。

審決・裁決などは，判例に比べても掲載される資料や分量がさらに限られていますので，リサーチが難しい分野ですが，ぜひ，ここでの紹介・説明を参考にいろいろな方法でアプローチしてみてください。

注
1) 法令用語研究会編『法律用語辞典』第4版，有斐閣，2012，p.572
2) 例えば行政審判について書かれているものとして，塩野宏『行政救済（行政法Ⅱ）第5版』（有斐閣，2010，p.42-53）などがあります。
3) 総務省「準司法的手続に関する調査研究報告書」
 http://www.soumu.go.jp/main_content/000078218.pdf
4) 公正取引委員会の審決については，独占禁止法の一部を改正する法律（平成25年法律第100号）が成立し，平成27年4月1日から同委員会による審判制度が廃止されています。ただし，改正法が施行された後もその前から係属中の審判事件は，審判手続で審理が行われますので，残っているすべての事件の審判が終了するまでは，審決が出されることになります。
5) 例えば準司法的手続の意義について書かれているものとして，越知保見「Quasi-judicialとは何か：準司法的手続・審判・準司法的機関の意義の再構」（『日本経済法学会年報』no.31，2010，p.59-77），高橋滋ほか「特集・準司法的手続等の今日的意義：特例的行政手続の再検討」（『ジュリスト』1352号，2008.3，p.2-78）

などがあります。
6) 読売新聞2013年3月26日朝刊「不当労働行為認定橋下市長『不服』意向」。その他の関連記事として，読売新聞2014年9月11日朝刊「労組退去大阪市が敗訴」などがあります。
7) 上田徹一郎『民事訴訟法』（第7版，法学書院，2011，p.5-6）によれば，強制的・終局的紛争処理手続として民事訴訟（裁判所）があげられます。また，「公正取引委員会等の準司法機関は行政機関であり，司法作用に近似するとはいえ審決は行政処分であってその取消変更を求める行政訴訟を提起できるのであり，審決は強制的紛争処理ではあっても終局的な紛争処理ではない」との記述があります。
8) 小林幸夫「知財部のための審決取消訴訟入門」（辻丸国際特許事務所特別セミナー）平成20年12月8日
9) 金子宏ほか編『法律学小辞典』第4版補訂版，有斐閣，2008，p.521
10) 準司法的手続について，さらに詳しく知りたい場合は，上記3) や高橋滋ほか「特集・準司法手続等の今日的意義：特例的行政手続の再検討」（『ジュリスト』1352号，2008.3，p.2-78）を参照。
11) 毎日新聞2013年1月25日朝刊「あずきバー：井村屋グループに商標登録認める　販売，広告実績理由」。該当判例：知財高判平成25年1月24日　平成24年（行ケ）第10285号（この判決を見ると審判番号が記載されているため，それを元にして目当ての審決を探すことができます。）
12) 現時点では無料，検索した審決の原文をPDFでダウンロードするには無料ID登録を要します。
13) ただし，法条文へのリンクは，まず現行法令とリンクしている場合が多いです。
14) 図11-5内の「被審人」において株式会社港町管理代表取締役に続き，本来は個人名の記載がありますが，ここでは削除しています。
15) TKCローライブラリー以外では，ウエストロー・ジャパン社

のDB「Westlaw Japan」でも,「法令」,「判例」等の検索とは別に,「特許庁審決」,「公正取引委員会審決」,「国税不服審判所裁決」の概要と全文を検索できます。

16)『税務是認判断事例集』(新日本法規,2005),『争点と結論からはじめる法人税重要判例・裁決例』(税務経理協会,2013),『贈与税対策に生かす判例・裁決例45選(改訂版)』(税務経理協会,2012),『海難審判裁決評釈集』(成山堂書店,2011),『経済法：判審決の争点整理(第2版)』(尚学社,2009),『船舶衝突の裁決例と解説』(成山堂書店,2002)などがあげられます。

17)『情報の科学と技術』(情報科学技術協会)61巻10号(2011)〜62巻9号(2011)各号において,台湾,ブラジル,トルコ,シンガポール,ロシア・ユーラシア,マレーシア,イスラエル,タイ,サウジアラビア,オーストラリア,ベトナム編があります。

12章 法分野の人物・図書館・書店情報

12.1 はじめに

　読者のみなさんには，これまでの章を通して，法令，判例，その周辺情報や解説文献の検索ができるようになったとしてもなお，その結果得られた資料では，手におえない事例に遭遇している場合もあるでしょう。

　本書の「はじめに」にもあるとおり，法情報は「社会生活を営む上で，自分や家族の自由や財産に影響を与え，他者との取引や交渉でやり取りされる権利や義務に密接に関係して」いるものですから，法の専門家や専門類縁機関につながりたい，つなげたいという場面もあるはずです。

　法令，判例，その周辺情報や解説文献の理解や評価を深めるためには，それらに関わる法律関連分野の人物，具体的には裁判官，弁護士，司法書士，行政書士，弁理士，研究者やその著作を知ることも有益です。

　この章では，そのようなときに役立てるため，これらの人物とその著作物の検索法について案内します。さらにリーガル・リサーチを行う際に有用な図書館と書店を紹介します。

12.2 裁判官

裁判官の役割等については,「裁判所 web サイト」[1]に解説があるのでご確認ください。

(1) 裁判官と担当事件／裁判官の検索

裁判官の執筆になるものとしては,いうまでもなく判例ですが,判例末尾には担当裁判官名があります。そこで,裁判官名をキーワードとして判例検索をするならば,裁判官ごとの担当裁判一覧をつくることもでき,これらをもとに裁判官の判断の傾向調査につなげられる場合もあります。有料の判例データベース(DB)では,裁判官氏名またはその一部を用いるキーワード検索が可能で,検索テンプレートに「裁判官名」欄を用意している製品として,「Westlaw Japan」(ウエストロー・ジャパン)があり,裁判官の経歴と当 DB に収録された担当判例へのリンクがあります。

このほか,裁判官検索ができる無料の Web サイト,印刷体資料は以下のとおりです。

Web サイト
・e-hoki(新日本法規出版株式会社)
  http://www.e-hoki.com/judge/index_6.html

印刷体資料
・『裁判所・法務省・検察庁職員録』(法曹会,年刊)
・『司法大観:裁判所の部』(法曹会,平成 23 年度版)4 年に一度刊行
・全裁判官経歴総覧編集委員会編『全裁判官経歴総覧:期別異動一覧編』(公人社,第 5 版,2010 年 12 月)

・『裁判官 Who's Who：首都圏編』（現代人文社，2004 年 12 月）
・『裁判官 Who's Who：東京地裁・高裁編』（現代人文社，2002 年 5 月）

(2) 判例の囲み記事・解説コラム

　繰り返しになりますが，判例を読むというのは，そうたやすいことではありません。何が論点なのか，何を争っている訴訟なのか，何度読んでもつかめないということも少なくありません。その際に助けとなる記事が判例専門雑誌に収録されており，裁判官や最高裁判所調査官によって書かれているといわれています。専門誌に収録された判例の冒頭等に付され，判例そのものとの区別がつくように囲み枠をつけたり，解説と書かれているものがそれに当たります。立ち入った論評をしないせいか，どの専門誌の記事にも不思議なことに署名はなく，論文とは扱いの異なるものです。そこで，この種の記事は評釈や解説論文と区別する意味合いから，囲み記事，解説コラムなどといわれています。収録判例のすべてに付されているわけではありませんが，特報扱い等になっている事例に添えられ，最高裁判所，下級裁判所を問わず付されています。何が争点の事例であるか，上訴された裁判の場合には一審や二審の経緯と判断，当判例の先例ともなる別の判例，学説の整理とその紹介などをしています。判例の読み方と参考になる別判例，資料の紹介がありますので，一つの事例からさらに類似事件などを調べるときの端緒にも利用できます。

　この種の記事を定期収録する雑誌として，『判例タイムズ』（判例タイムズ社），『判例時報』（判例時報社）のほか，『金融法務事情』（きんざい），『金融・商事判例』（経済法令研究会），

『銀行法務 21』（経済法令研究会），『労働判例』（産労総合研究所），『判例地方自治』（ぎょうせい）等があります。これら判例専門誌を DB 化した製品として「判例秘書」（LIC）があり，囲み記事，解説コラム本文も収録しています。

　記事・コラムを探すには，有料判例 DB で判例の出典に以上の雑誌名がないかを調べ，各判例に実際にあたりながらその有無を確認します。なお，いずれの有料判例 DB にも「判例タイムズ」は収録されており（2014 年 11 月現在），これら記事本文も収録され，判例と併せて読むことが可能です。

(3) 最高裁判所裁判官の意見

　最高裁判所判例については，裁判所法第 11 条により「裁判書には，各裁判官の意見を表示しなければならない」と規定されています。「意見」は，各裁判官の氏名のもと，理由の末尾部分で知ることができます。少数意見がやがて後の裁判で多数意見になり，さらにそれまでの最高裁判所の判断の変更に至る場合もあります。その後の判断を考える上で「意見」は興味深い部分とみることができます。

12.3 弁護士

　弁護士の資格や仕事については，日本弁護士連合会 Web サイト[2]に解説があります。

(1) 弁護士等訴訟代理人と担当事件

　弁護士は，訴訟において，当事者の相談にのり法的解決にあたりますが，裁判所が発行する判例集上には，冒頭に当事

者名が記され,それに並んで民事事件では訴訟代理人,刑事事件では弁護人として弁護士氏名が記されています。なお,訴訟代理権は,簡易裁判所における訴訟では弁護士のほか,司法書士(司法書士法第3条第1項第6号,第2項),裁判所の許可を受けた第三者(民事訴訟法第54条第1項ただし書き)にも認められています。また,知的財産権に関する特定侵害訴訟においては,弁護士が同一の依頼者から受任している事件に限り,特定侵害訴訟代理業務試験に合格し,その旨の付記を受けた弁理士にも認められています(弁理士法第6条の2)。これら訴訟代理人,弁護人を含む当事者名は,裁判所発行資料では明示されていますが,判例専門雑誌や判例DBにおいては同様には見られず,ことに刑事事件では当事者名は仮名処理され,弁護人名も割愛されている場合があります。一方,民事事件であるならば,弁護士等の氏名から多くの担当事件を検索することができます。

　また,司法書士,弁理士のほかに,訴訟代理権はありませんが一定の法律分野に限定された業務権限を有する専門職としては,行政書士という職種もあります。各職の資格や仕事についての詳細は,それぞれの連合会等のWebサイト[3]を参照ください。

　なお,「法テラス」とそのスタッフ弁護士についてもふれておきましょう。国は司法制度改革の一つとして,2004年6月総合法律支援法を公布し,法務省は2006年4月に「法テラス」(正式名称は「日本司法支援センター」)を全国各地の裁判所本庁所在地や弁護士過疎地域などに配置しました。これに伴い日本弁護士連合会は,「法テラス」が真に市民の役に立つよう,「法テラス」に常勤弁護士(スタッフ弁護士)を配

置するよう，その確保・養成・支援のための研修の実施，養成事務所の確保などの活動をしています。「法テラス」では，民事法律扶助，国選弁護業務のほか，司法過疎地域における法律サービスの提供，地方自治体・関係機関と連携した，高齢者虐待防止ネットワークへの参加や学校等における法教育など，地域に密着した多様な業務を行い，スタッフ弁護士のいない法テラスでは，法律相談を希望する市民に，弁護士会，司法書士会，地方自治体等の法律相談窓口を Web サイト[4]で案内しています。サイトには，各所在地，電話，事務所の開所日と時間があります。相談者は，一定の要件によっては法テラスの民事法律扶助による無料法律相談（相談援助）が受けられます。具体的な要件の確認は，「法テラス」Web サイト内で可能です。

(2) 弁護士，司法書士，行政書士，弁理士の検索

弁護士がその業務を行うには，各地にある弁護士会とその連合体である日本弁護士連合会に登録しなければならないとされています。そこで，日本弁護士連合会 Web サイト（http://www.nichibenren.or.jp/）「弁護士をさがす」内で，以下の情報を検索することができます。
・弁護士情報検索
・法人情報検索

このほか，Web サイトと印刷体の資料は以下のとおりです。
Web サイト
・司法書士検索・司法書士法人検索（日本司法書士会連合会）
　http://www.shiho-shoshi.or.jp/search/
・行政書士検索（日本行政書士会連合会）

https://www.gyosei.or.jp/members/search/
・弁理士ナビ（日本弁理士会）http://www.benrishi-navi.com/
印刷体資料
・『日本弁護士連合会会員名簿』（日弁連，年刊，非売品）
・『全国弁護士大観』（法律新聞社，第 14 版，2012）
・『ビジネス弁護士大全 2011』（日経 BP 社，2010）

(3) 弁護士の執筆物：研究書

　弁護士個人名やその所属法人名で著すもののほか，弁護士会名による執筆物もあります。弁護士の地域弁護士会への登録についてはすでに記しましたが，弁護士会は各都道府県に最低一つはあり，詳細は日本弁護士連合会 Web サイト[5]で，各名称や所在がわかります。

　こうした弁護士会では，活動の一つとして研究会・研修会を設けている例があり，弁護士会名で出版される報告資料が散見されます。研究書とはいえ，実務に即している点に特徴があります。

(4) 弁護士，司法書士，行政書士，弁理士の執筆物：実務書

　実際の法的用務に役立つことをねらい著されるジャンルの書籍を，実務書と呼ぶことが多いようです。弁護士ばかりでなく司法書士，行政書士，弁理士が著す実務書が数多くあります。これらには，さまざまなレベルのものがあり，一般市民を対象とするものから，法務のプロ向けと思われるものまで幅があります。実務書の選択の余地がある場合には，対象となる事例を数多く手がけている職にある執筆者のものを選択するのも勧められます。

12.4 研究者

　法分野の書き手の多数を占めるのが大学や研究諸機関に所属する研究者です。単独，共同による単行本，双書（叢書）や学会誌，所属等機関が発行する紀要や記念論文集，出版社が発行する専門雑誌などが発表の場となっています。

(1) 研究者の検索

　法分野にとどまらず，研究者の検索ができる無料 Web サイト「ReaD & Researchmap」（R & R）[6]を科学技術振興機構（JST）が公開しています。22 万件に及ぶ日本の研究者情報を DB 化した研究者総覧です。同 Web サイトの「研究者検索」に進むと，「研究者氏名」や「研究キーワード」などから検索ができ，研究者のプロフィールや業績などさまざまな情報を閲覧できます。

　同じく JST の提供する「J-GLOBAL」[7]は「つながる，ひろがる，ひらめく」をコンセプトに，これまで個別に存在していた知識をつなぎ，発想を支援するサービスです。同 DB の研究者情報には上記「R & R」の情報が取り込まれており，「研究者」タブ内で，研究者氏名を入力すると，「R & R」で得られる情報に加えて，その研究者の研究内容に近い研究者一覧，研究内容に近い文献一覧，研究課題一覧が示されます。

　このほかには，国立情報学研究所（NII）が作成している「KAKEN（科学研究費助成事業）データベース」[8]があります。科学研究費というのは，日本学術振興会が「学術研究」を発展させる目的で，申請者の業績等を審査し，独創的・先駆的な研究に対し与える「競争的研究資金」です。研究課題と研

究者名のどちらからでも調べられます。研究の採択課題，助成による研究成果の概要，成果報告書および自己評価報告書を収録しています。

(2) 研究者の執筆物の検索

執筆物の検索で，定期・不定期に発行される学会誌，紀要，専門雑誌収録の論文探しには，国立国会図書館「NDL-OPAC」の「雑誌記事検索」の利用が考えられますが，当索引を包括する「CiNii Articles」[9] (NII) の利用も勧めたいところです。デジタル化された論文本文が，各所属等機関のリポジトリに収録されていれば，それらとのリンク付けがなされて，当DB上で論文を読め，入手までが容易になっています。また，研究書など書籍の検索には，「CiNii Books」[10]をお勧めします。

12.5 図書館の利用

リーガル・リサーチに活用できる図書館（室）を案内しましょう。図書館には，その設立目的により館種があり，館種ならではの収集資料がありますので，館種別に，一般の方でも利用できる図書館を以下にまとめてみました。

なお法の分野では，法令の改正や判例の変更，新判例の追加を契機に資料が改版されることが多いものです。そのため，図書館で資料を発見した際にも，より新しい版の存在を確認，選択することは必須であり，変化に対応しているかに注意を払いたいものです。

(1) 都道府県立，政令指定都市図書館

　憲法・法律をはじめとする法令は，国民・市民の生活の基本的権利・義務を定めていますので，『官報』，『法令全書』，体系別法令集，判例集，例規集の所蔵が考えられます（ただし，図書館にも資料の整備予算には限りがあります。法令には，憲法・法律から「法令のように見えて，法令でないもの」（通達等）まで多種多様な形式がありますが，法分野によっては下位の形式や通達等までフォローした法令集が整備されていないことはありえます）。このほか，市民生活における法的用務にすぐにも役立つ実務書を収集しています。

　これら図書館の中には，全国レベルの図書館活動プロジェクトに参加している館があります。法と関わるプロジェクトとしては，ビジネス支援（主には創業支援），課題解決支援，貧困・困窮者支援などがあります。いずれも図書館のもつ情報蓄積をベースにしながら，インターネット環境やDB等を整え，これを運用する司書を養成して，利用者を支援する機能を高めています。ビジネス支援についてはビジネス支援図書館推進協議会が，課題解決支援，貧困・困窮者支援については，文部科学省生涯学習政策局社会教育課が「図書館・公民館海援隊」プロジェクトとしてバックアップをしています。近くにこれらのプロジェクト参加図書館があれば，資料面からの相談結果や類縁機関への連携案内は頼もしいものとなるでしょう。インターネットで各図書館サイトを検索すると支援活動内容が確かめられます。一例ですが，鳥取県立図書館Webサイト（http://www.library.pref.tottori.jp/）にアクセスしてみましょう。トップページの開館カレンダーの下には「くらしや仕事の支援情報」とあり，同館がビジネス支援，困りごと

支援,その他医療・健康情報と資料を結びつける活動をしていることがわかります。都道府県立図書館は,同都道府県内の公共図書館とも連携をしていますので,図書館の立地場所にかかわらず,近くの公立図書館から資料提供等も受けることができるでしょう。

図書館Webサイトでは,当該自治体内の図書館や,利用を公開している近隣大学等所蔵資料の横断検索が行える場合もあります。

日本図書館協会が,「公共図書館(公立図書館)リンク」[11]を作成しています。なお,蔵書の横断検索ができるWebサイトとしては「カーリル」があります。

(2) 法学部のある大学図書館

法学に関する学部,学科をもつ大学の図書館の利用が考えられます。国内,海外の学術書,その他,『官報』,『法令全書』や体系別法令集,大審院時代以降の判例集を基本資料として所蔵していますが,実務書は都道府県立図書館のように多くはないでしょう。関心のある資料については,各大学図書館のOPACで所蔵を検索できます。

〈大学図書館とそのOPACリンク集〉

国内の大学図書館関係のWWWサーバ(東京工業大学附属図書館),「Jump to Library!」[12](農林水産研究情報センター,ただし現在更新を中止中)があります。

学外者の図書館利用については,国公立大学では公開がされており,その他でもオープンになっている傾向が高いものです。しかし,実際の利用にあたっては各図書館Webサイトや電話で確認するのが確実で,利用内容によっては公共図

書館を通じてのみ，受け付ける場合もあります。

　なお，全国の大学図書館を横断検索して，資料の所蔵館とその利用法を知る方法もあります。まず，関心のある資料を「CiNii Books」（10章注9）で検索し，目的資料名をヒットさせます。次に資料名部分をクリックすれば，全国どの図書館に所蔵があるかが一覧表示されます。この場合，資料は図書，定期刊行物，不定期刊行物でも可能です。館名は，所蔵館の多寡によってすべてが一覧される場合と，「すべての所蔵館を表示」をさらにクリックしなければならない場合があります。館名の部分をクリックすれば，各館の連絡先，利用法がわかります。「CiNii Books」の元となるデータは，NACSIS-CAT/ILL（目録所在情報サービス）を通じて，全国の大学図書館等が共同作成しています。参加図書館の確認もできます（http://www.nii.ac.jp/CAT-ILL/archive/stats/cat/org.html）。

（3）　地方自治体（地方公共団体）の議会図書室

　都道府県と市町村の議会図書室は，地方自治法第100条第19項において「議会は，議員の調査研究に資するため，図書室を附置し前二項の規定により送付を受けた官報，公報及び刊行物を保管して置かなければならない」としており，第18項において「都道府県は，当該都道府県の区域内の市町村の議会及び他の都道府県の議会に，公報及び適当と認める刊行物を送付しなければならない」としています。図書館の公開等状況は，それを担当する専任職員の有無等で異なるでしょうが，その利用の詳細を確かめることをお勧めします。インターネットで，地名と「議会図書」などをキーワードに検索するのがよいでしょう。『官報』，『法令全書』，体系別法

令集，判例集，国会と当都道府県，当区域内市町村の議会議事録や例規集，公報（条例，規則の公布を知らせる資料）の所蔵が考えられます。

　なお，議会図書室ではありませんが，これと関連して都市問題，自治問題等で注目されている図書館がありますので，以下に紹介しましょう。各 Web サイトからは各 OPAC にもアクセスできます。

・公益財団法人後藤・安田記念東京都市研究所市政専門図書館（旧：財団法人東京市政調査会）
　http://www.timr.or.jp/library/
・公益財団法人特別区協議会　特別区自治情報・交流センター　http://www.research.tokyo-23city.or.jp/

（4）業界団体の図書館

　業種ごとの協会等機関が設立する図書館があります。各業に関係する資料を所蔵しているのですが，各業協会の出版物も含まれ，その業種を規制する通達・通知集などが見られる場合があります。例えば，金融関係業界をみても以下に挙げる図書館があり，OPAC の利用，直接利用ができます。

・銀行図書館（全国銀行協会）
　http://www.zenginkyo.or.jp/library/
・証券図書館（日本証券経済研究所）
　http://www.jsri.or.jp/library/
・損害保険事業総合研究所　図書室
　http://www.sonposoken.or.jp/library
・生命保険協会　http://www.seiho.or.jp/
・生命保険文化センター　http://www.jili.or.jp/index.html

(5) 法律専門図書館

　国立国会図書館，その支部図書館として最高裁判所図書館，法務図書館があります。国立国会図書館法第24条，第24条の2，第25条は，国内で発行されたすべての出版物を，国立国会図書館に納入することを義務づけています。この納本の制度をもとに資料の収集が行われ，非売品資料，内外の資料を含め，国内で最も多くの資料を所蔵しています。そのため，どのような資料が出版されたかを各所蔵DBの検索によって知ることができます。例えば，国立国会図書館NDL-OPACでは法令集，判例集，法に関係する統計書，専門書，専門雑誌から一般書まで幅広い所蔵を確かめることができますが，当図書館を利用しないまでもその書誌的事項（題名，著者，出版者，出版年など）がわかりますので，ポピュラーに流通していないのではないかと思われる資料などの有無の手がかりをつかむのにも利用できます。書誌的事項がわかれば，利用しやすい，身近な図書館に所蔵がないか，調べ直して直ちに利用につなげられます。また，近所の図書館が国立国会図書館の遠隔複写サービスに対応しているならばコピー依頼ができますから，それぞれの図書館に問い合わせるのもよいですし，インターネット上で国立国会図書館に利用者登録すれば直接コピー依頼ができます。

　国立国会図書館内には専門資料室として，「議会官庁資料室」があります。当室は，国内外の議会会議録・議事資料，国内外の官公報，法令集，判例集，条約集，国内外の官庁の刊行資料目録・要覧・年次報告，統計資料類，政府間国際機関刊行資料，法律・政治分野の参考図書類を収集しています。18歳以上であれば，利用資格を問われることはなく入室でき，

日本法 DB の利用やレファレンスサービスが受けられます。

　一方，最高裁判所図書館，法務図書館は，その専門性の高さから，一般の者に対しては，利用目的（例えば，論文を作成したいが当館にのみ所蔵が限られるなど）に応じた利用申込制をとっています。詳しくは最高裁判所図書館，法務図書館の Web サイトを確認することが望ましいでしょう。なお，その他各省庁にも支部図書館があり，各 OPAC を公開しています。

(6) 図書館のガイド情報

　図書館の紹介は以上ですが，専門図書館のガイドとしては『専門情報機関総覧　2015』(専門図書館協議会調査分析委員会編，専門図書館協議会，2015) があります。各図書館の Web サイトとともに活用されるのがよいでしょう。

12.6 書店の利用

　図書館では，参考になる資料の閲覧，貸借，コピーなどが可能ですが，資料の入手についてもふれておきましょう。実務書，研究書などの資料は，書店の店頭には限られたタイトルのものしか置かれていませんので，「amazon.com」をはじめとしてネット書店や一般書店の在庫検索 Web サイトで調べる必要も生じるでしょう。特に弁護士が執筆する研究書のなかには弁護士会自身が出版するケースがあり，一般の書店では入手しづらい場合もあります。一方，この分野の資料を専門に扱う書店の DB ではその種の資料を発見できる場合があります。試しに，以下の Web サイトの書籍検索，キーワード入力ボックスに「弁護士会」と入れ結果をみれば，さま

ざまな都道府県にある弁護士会の，入手可能な研究書等を知ることができます。
- 弁護士会館ブックセンター　http://www.b-books.co.jp/
  東京都千代田区霞が関1-1-3　弁護士会館地下1階
- 至誠堂書店　http://www.shiseido-shoten.co.jp/
  東京都千代田区霞が関1-1-4　東京高等裁判所地下1階
- 成文堂法律専門インターネット書店
  http://www.seibundoh.co.jp/shoten/

法律専門といえる書店は決して多くはありません。法分野の専門書等で得難い資料があれば，これら書店に相談するのも方法でしょう。

注

1) 裁判所　http://www.courts.go.jp/saiban/zinbutu/saibankan/
2) 日本弁護士連合会　http://www.nichibenren.or.jp/
3) 日本司法書士会連合会　http://www.shiho-shoshi.or.jp/
   日本行政書士会連合会　http://www.gyosei.or.jp/service/
   日本弁理士会　http://www.jpaa.or.jp/
4) 全国の法テラス法律事務所
   http://www.houterasu.or.jp/staff_bengoshi/staff_bengoshi_zenkoku/index.html
5) 「全国の弁護士会・弁護士会連合会」
   http://www.nichibenren.or.jp/legal_apprentice/bengoshikai.html
6) 「R & R」http://researchmap.jp/
7) 「J-GLOBAL」http://jglobal.jst.go.jp
8) 「KAKEN」https://kaken.nii.ac.jp
9) 「CiNii Articles」http://ci.nii.ac.jp/
10) 「CiNii Books」http://ci.nii.ac.jp/books/
11) 「公共図書館（公立図書館）リンク」

http://www.jla.or.jp/link/link/tabid/172/Default.aspx
　「Jump to Library！」http://ss.cc.affrc.go.jp/ric/opac/opac.html
12）国内の大学図書館関係のWWWサーバ
　　http://www.libra.titech.ac.jp/libraries_Japan.html

あとがき

　法律の初心者，初学者が法律に関する情報を集めるのは容易ではありません。それは本書を一瞥すればすぐにわかることでしょう。

　どの分野の勉強でも最初に基礎的な概念や専門用語を覚えなければなりませんが，法律の世界の場合にはとりわけ困難が伴います。通常使われる言葉が異なる意味で用いられたり（その典型例は"善意・悪意"でしょう），同じ概念を表現する場合でも日常生活ではほとんど目にしないものが使われたり（焼けることを"焼損"と呼びます），明治期に輸入したため翻訳時の漢字がそのまま現在まで使われていたり（裁判を打ち切ることを"免訴"といいます），日常生活ではカタカナ表記するものが漢字で表現されていたり（コンピュータは"電子計算機"と表記されることがほとんどです），学べば学ぶ程複雑怪奇に感じ，違和感を覚えることでしょう。

　そうした言葉の壁の他に，ネット上にあふれる情報にもかかわらず，専門家ですら依拠することのできる正当性のある法律情報にアクセスすることは簡単ではありません。このことはさらに法律分野で調査を行う際の壁となります。

　本書が，そうした壁のひとつを取り払う，あるいは，それを超えやすくするものとして役立つものとなれば所期の目的を果たしたと言えるでしょう。

　本書の著者は，ロー・ライブラリアン研究会という図書館員や研究者，法律出版編集者などを中心とした研究会のメンバーで構成されています。この研究会は2005年に生まれました。今年で

ちょうど10年を迎えています。これまで，司法制度の利用を促進するため市民の法的知識のガイド役となる「法情報コンシェルジェ」を日本に生み出そうと働いてきました。その鍵は，図書館員や情報専門職の方々が一般市民と法律情報との「媒介」になることだとわたしたちは考えています。その願いを実現するため，図書館総合展で6年にわたって大きなセミナーを開催したり，全国の図書館で研修を請け負わせていただいたり，小さな研修会を独自に開催したり，活動してきました。

　幸い，2012年から2013年にわたり『情報管理』誌上で，非法律家のため，特に情報専門職の方々を念頭に，法律情報の収集について入門となる連載を持つ機会を得ました。本書はそれを一冊の本として読みやすいものにリライトし，編纂したものです。

　この小さな一冊が全国の図書館を含むさまざまな場所で，多くのサービス提供者による市民への情報提供ならびにレファレンス業務に役立つことを願っています。

　そして，もしこうした分野に関心をお持ちであれば，わたしたちの研究会に顔を出してみて下さい[*]。その際，本書を見たと言っていただければとても嬉しく思います。ご参加を心からお待ちしています。

2015年4月

前ロー・ライブラリアン研究会代表
成城大学法学部教授
指宿　信

* お問い合わせはこちらまで。
　ロー・ライブラリアン研究会事務局
　　lawlibrarian@aol.jp

索 引

＊事項中，『　』は冊子体の，「　」はインターネットサービスの媒体を指します。

●アルファベット順

【A・C・D】
ADR ……………………………………… 111
『CD-ROM 審決公報』…………… 168
「CiNii Articles」………50, 65, 67, 150, 182
「CiNii Books」………………… 182, 185
「D1-Law.com」……………………… 126
「D1-Law.com　現行法規履歴検索」……………………………………… 35
「D1-Law.com　判例体系」………118
「D1-Law.com　法律判例文献情報」………………………… 51, 146

【E・J・K】
「e-hoki」……………………………… 175
「JDream Ⅲ」………………………… 51
「J-GLOBAL」………………………… 181
「JMEDPlus」………………………… 51
「KAKEN（科学研究助成事業）データベース」…………………… 181

【L・N】
『Law & Technology』……… 128, 169
「LEX/DB インターネット」… 118, 127
「Lexis AS ONE」……… 118, 127, 148
「LLI/DB 判例秘書 INTERNET」
……………………………… 118, 148
『NBL』……………………………… 169

【O・R・T】
OPAC ………………………………… 145
「ReaD & Researchmap」………… 181
『T & A Master』………………… 168
「TKC ローライブラリー」… 126, 163
「TKC ローライブラリーサーチャー」………………………………… 166

【W】
「Webcat Plus」……………………… 50
「Westlaw Japan」… 118, 127, 148, 175

●五十音順

【あ行】
アスベスト（石綿）訴訟 ………… 132

索引………193

委員会議録 …………………………… 75
「委員会審議要録」………………… 78
「医学中央雑誌」…………………… 51
意見（最高裁判所裁判官の）…… 177
一次資料 ……………………………… 12
「医中誌 Web」……………………… 51
「医中誌パーソナル Web」………… 51
一般法 ……………………………… 5, 6
委任命令 ……………………………… 17
『インターネットコンメンタール』
　……………………………………… 49
「インターネット資料収集保存事
　業」（WARP）……………………… 36
「インターネット版官報」………… 42
引用判例 ……………………… 117, 164
運用方針（法令）…………………… 57
英文官報 ……………………………… 33

【か行】
「会議公開の原則」………………… 75
外局規則 ……………………………… 20
会議録（国会における）…………… 75
会議録索引情報 ……………………… 76
会計検査院規則 ……………………… 19
改正 ………………… 27, 40, 57, 58, 61
改正履歴 ………………… 29, 61, 62
解説コラム ………………………… 176
ガイドライン ………………… 26, 59
『海難審判裁決評釈集』…………… 168
『海難審判庁裁決例集』…………… 167
「海難審判庁裁決録」……………… 162

下級行政機関 ………………………… 66
「各独立行政法人等の法人文書
　ファイル管理簿」………………… 99
囲み記事 …………………… 148, 176
加除式 ………………………………… 33
課題解決支援 ……………………… 183
『官報』……………… 27, 31, 42, 44, 63
「官報情報検索サービス」…… 32, 44
『議案審議表』………………………… 77
議院規則 ……………………………… 21
議員提出法律案 ………………… 70, 71
議院法制局 …………………………… 70
棄却 ………………………………… 112
規則（地方自治体）………………… 21
規程（きてい）……………………… 24
『基本行政通知・処理基準』……… 61
『基本法コンメンタール（別冊法
　学セミナー）』……………………… 48
行政委員会 ………………………… 154
行政委員会の規則 …………………… 23
行政機関 ………………………… 56, 154
行政裁判所（戦前）……………… 131
行政書士 ……………… 178, 179, 180
「行政書士検索」…………………… 179
行政資料センター ………………… 102
行政審判 …………………………… 154
行政訴訟 …………………………… 157
行政手続法 ………………………… 94
『行政判例集成』…………………… 130
「行政文書ファイル管理簿」……… 99
共同省令 ……………………………… 19

拒絶審決 …………………………… 161
『金融・商事判例』………………………118
『金融法務事情』…………………………118
訓令 …………………………………… 25, 55
『経済法判例・審決百選（別冊ジュリスト）』………………………… 169
決定 ……………………………… 114, 155
研究者 …………………………… 181, 182
現行法令集 …………………………… 33
原告 ……………………………………… 111
憲法 ………………………………………… 9
現用文書 ……………………………… 101
「公害紛争・不服裁定　事件一覧」 ……………………………… 162
『公正取引』………………………… 169
『公正取引委員会審決集』……… 167
『公正取引委員会審決集総合索引』 ……………………………… 167
『公正取引委員会排除命令集』
　………………………………………… 167
控訴 ……………………………… 112, 159
『交通事故民事裁判例集』……… 128
「公表裁決事例集」（国税庁）…… 162
公布 …………………………………… 28, 56
公文書 ………………………………… 103
公報（自治体）……………………… 36, 63
公用文 ……………………………………… 96
「公用文作成の要領」……………………… 97
「公用文における漢字使用等について」 ……………………………… 97
告示 …………………………………… 25, 56

『国税不服審判所裁決例集』…… 167
国立公文書館 ……………………… 101
「国立公文書館デジタルアーカイブ」 ………………………………… 67
「国立国会図書館サーチ」…… 50, 149
「国会会議録検索システム」… 45, 76
『国会制定法審議要録』……………… 78
コンメンタール…………………………… 47

【さ行】
「最近の主な中労委命令」……… 162
「最近の判例一覧」………………… 126
裁決 …………………………………… 154
裁決集 ………………………………… 167
『裁決事例集』……………………… 167
『裁決事例要旨集』………………… 167
「裁決の閲覧」（国土交通省）…… 162
『最高裁　時の判例』……………… 141
最高裁判所規則 …………………… 21
『最高裁判所刑事判例集』……… 125
最高裁判所調査官 …… 119, 141, 176
『最高裁判所判例解説』……… 119, 141
裁定 …………………………………… 155
裁判官 ……………………………… 175, 176
『裁判官 Who's Who：首都圏編』
　………………………………………… 176
『裁判官 Who's Who：東京地裁・高裁編』 ……………………………… 176
裁判書 ……………………………… 109, 111
裁判所 Web ……………………… 117, 125
『裁判所時報』……………………… 125

索引………195

『裁判所・法務省・検察庁職員録』·································· 175
裁判所名·································· 124
裁判年月日································ 124
裁判の種類·························· 114, 124
「裁判例情報」······················ 117, 125
「雑誌記事索引」(国立国会図書館)···································· 65, 67
「参議院議員提出法律案」··········· 74
『参議院審議概要』······················ 78
三審制······························ 12, 112
事件番号··································· 125
事実(判決書における)···········116
事実審··································· 117
指針····························· 26, 59, 63
執行命令································ 17
実質的証拠法則························ 160
『実践的特許公報の読み方』······ 170
実務書························ 180, 183, 184
『実務に効く公正取引審決判例精選(ジュリスト増刊)』··········· 168
『実務に効く判例精選シリーズ(ジュリスト増刊)』····················· 143
質問主意書······························· 87
私的諮問機関···················· 72, 90
司法書士···················· 178, 179, 180
「司法書士検索・司法書士法人検索」··································· 179
『司法大観・裁判所の部』·········· 175
司法手続································ 157
『私法判例リマークス(法律時報別冊)』··························· 119, 142
「市民法」····························· 70, 85
『衆議院の動き』························ 78
「衆法情報」······························ 74
『重要判例解説(ジュリスト臨時増刊)』············ 119, 130, 142, 168
『重要労働判例総覧』········· 128, 168
「首相官邸」······························ 43
首相官邸 Web サイト·················· 93
出典·· 125
主文(判決書における)···········115
『主要民事判例解説(別冊判例タイムズ)』······························ 142
『ジュリスト』···························· 46
『ジュリスト臨時増刊 重要判例解説』·············· 119, 130, 142, 168
準司法的手続·························· 154
上級行政機関······················ 57, 66
上告·······································112
上告不受理·······························115
上告理由·································112
証拠書類·································111
少数意見································ 117
省庁組織変遷図(国立公文書館)································ 58, 66
「消費者問題の判例集」·············· 131
商標······································ 161
情報開示請求···························· 65
『情報管理』····························· 170
情報公開···························· 98, 103
情報公開・個人情報保護審査会

……………………………………100	政策課題の研究調査報告書………72
『情報の科学と技術』………………170	「政策情報ポータル」………………93
条約……………………………………10	『税大ジャーナル』…………………169
省令……………………………………16	制定順法令集…………………………32
条例………………………………11, 21	『税務弘報』…………………………169
条例施行規則…………………………22	『税務事例』…………………………169
所管………………………………56, 61	『税務判決・裁決例の読み方』…169
『食品商標審決抄録集 CD 版』…168	政令……………………………………16
所在情報…………………………145, 163	『全国弁護士大観』…………………180
書誌情報…………………………145, 163	『戦後判例批評文献総目録』……144
書店……………………………………188	『全裁判官経歴総覧：期別異動一
審議会……………………………72, 90	覧編』………………………………175
『新基本法コンメンタール（別冊	『専門情報機関総覧　2015』……188
法学セミナー）』……………………48	総務省…………………………………99
審級省略………………………………159	『続戦後判例批評文献総目録』…144
審決……………………………………154	組織改編………………………………58
『審決公報』…………………………168	訴状……………………………………111
審決集…………………………………167	『租税判例百選（別冊ジュリス
「審決等データベース」……………162	ト）』…………………………………169
審決取消訴訟…………………………159	
人事院規則……………………………19	【た行】
審判……………………………………160	『大審院民事判決録』………………125
『新・判例解説 Watch（法学セミ	弾劾裁判所……………………………131
ナー増刊）』……………127, 142, 168	単行法…………………………………5
『新判例体系　民事法編』………130	逐条解説書（コンメンタール）…47
人物情報………………………………174	『知財管理』…………………………170
「新法・改正法解説記事書誌情報	「知財審決データベース」…………162
検索 R-LINE」………………………46	『知的財産権判例要旨集』………130
審理……………………………………155	知的財産高等裁判所………126, 159
請願……………………………………86	『地方自治』…………………………46
『税経通信』…………………………169	地方自治体の Web 例規集…………64

索引………197

『中央労働時報』 …………………… 168
調査官解説 …………………… 119, 141
『ちょうせい』 …………………… 169
通達 …………………………… 25, 55
通達集 ………………………… 56, 61
通知 …………………………… 25, 55
通牒 …………………………… 59, 67
「電子政府の総合窓口 e-Gov」
　…………………………………… 33, 89
電子政府の総合窓口 e-Gov「所管
　の法令・告示・通達等」… 36, 60
「答申・判決データベース」 …… 100
答弁書 ……………………………… 111
『時の法令』 ………………………… 46
「時の法令検索サイト」 …………… 46
特別法 ……………………………… 5, 6
図書館 ……………………………… 182
図書館・公民館海援隊 ………… 183
特許 ………………………………… 156
「特許情報プラットフォーム（J-Plat
　Pat）」 …………………… 126, 162
特許侵害訴訟 …………………… 159
『特許調査入門』 ………………… 169
『「特許調査」の基礎と応用』 …… 170
『独禁法審決・判例百選（別冊
　ジュリスト）』 ………………… 169

【な行】
内閣官房令 ………………………… 16
内閣提出法律案 …………… 70, 71
内閣府令 …………………………… 16

内閣法制局の予備審査 ………… 73
二次資料 …………………………… 12
日本司法支援センター ………… 178
『日本弁護士連合会会員名簿』… 180
「日本法令外国語訳データベース
　システム」 ………………… 31, 98
「日本法令索引」 …… 29, 43, 45, 63,
　67, 74
「日本法令索引（明治前期編）」… 29
任意の意見募集 …………………… 94
『年間労働判例命令要旨集』 …… 167

【は行】
廃止 ………………………………… 57, 61
白書・年次報告書 ………………… 95
『発明』 …………………………… 170
発令機関 ………………… 55, 58, 64
発令者 ……………………………… 58
『パテント』 ……………………… 170
パブリックコメント（意見公募手
　続） ………………………… 73, 94
判決書 ……………………… 111, 114
パンデクテン・システム ……… 6, 7, 9
判例 ………… 11, 12, 107, 123, 139, 154
判例委員会 ………………………… 117
『判例医療過誤』 ………………… 130
『判例回顧と展望（法律時報増
　刊）』 ……………………………… 168
判例解説 …………………………… 139
判例研究 …………………………… 139
『判例時報』 ……………… 118, 125, 168

『判例時報別冊付録　判例評論』
………………………………119, 142
『判例年報（別冊判例タイムズ）』
………………………………………129
『判例評論（判例時報別冊付録）』
………………………………119, 142
『判例セレクト（法学教室 2・3 月号別冊付録）』…………………142
『判例体系　知的財産権法』……129
『判例タイムズ』………118, 125, 128
「判例秘書アカデミック版 LLI 統合型法律情報システム」……118, 127, 148
「判例秘書 HYBRID」………………127
判例批評………………………………139
『判例百選（別冊ジュリスト）』シリーズ………………119, 130, 141
判例評釈………………119, 139, 168
被引用判例……………………117, 164
非現用文書……………………………101
被告……………………………………111
ビジネス支援…………………………183
『ビジネス弁護士大全 2011』……180
『ひとりでできる特許調査』………169
貧困・困窮者支援……………………183
不開示情報……………………………100
「附帯決議」……………………………71
『不当労働行為事件命令集』………167
「文献月報　判例評釈の部」（法律時報）…………………………144
文書記号・番号………………………55

紛争処理………………………………157
分野別六法………………………56, 61
『別冊中央労働時報』………………168
『別冊ジュリスト　判例百選』……119, 130, 141
『別冊判例タイムズ　主要民事判例解説』…………………………142
『別冊判例タイムズ　判例年報』
………………………………………129
『別冊法学セミナー　基本法コンメンタール（新基本法コンメンタール）』………………………48
弁護士………………177, 178, 179, 180
「弁護士情報検索」…………………179
弁理士…………………………178, 180
「弁理士ナビ」………………………180
『法学教室 2・3 月号別冊付録　判例セレクト』……………………142
『法学セミナー』………………………47
『法学セミナー増刊　新・判例解説 Watch』…………127, 142, 168
法規………………………………………15
法源………………………………………12
法情報……………………………………1
「法人情報検索」……………………179
法制審議会………………………………91
『法曹時報』……………………………141
法秩序……………………………………15
法的整合性………………………………15
法テラス………………………178, 179
法典……………………………4, 5, 6, 7

索引………199

項目	ページ
法務省	91
法律	10, 16
法律案	73
法律案参考資料	76
「法律案等審査経過概要」	77
法律案の修正	71
『法律時報』	47, 51
『法律時報別冊　私法判例リマークス』	119, 142
法律審	112
法律相談	179
「法律判例文献情報」	51
『法律判例文献情報』	51
法律扶助	179
「法律文献総合INDEX」	51, 148
「法律文献等の出典の表示方法」	145
法令	9, 10, 11, 12, 14, 15, 27
法令解釈	55, 57
『法令解説資料総覧』	46
法令集	28, 33
『法令全書』	32
「法令データ提供システム」	33, 40
「法令における漢字使用等について」	97
法令の解説資料	39
法令番号	29

【ま・や行】

項目	ページ
命令	10, 114, 155
『メディア判例百選（別冊ジュリスト）』	169
「目次データベース」（国立国会図書館）	35, 67
要綱	24, 58
要領	24, 58

【ら・わ行】

項目	ページ
「ライブラリー」	77
「リサーチ・ナビ」	35, 123, 131
立案過程	70
立法過程	69
立法情報	45, 69
「立法情報」（衆議院）	74
立法補佐機関	78
リポジトリ	153, 182
理由（判決書における）	116
例規集	36, 67
「例規集」（自治体Webサイト）	63
「労働委員会関係命令・裁判例データベース」	162
「労働基準関係判例検索」	131
『労働経済判例速報』	168
『労働判例』	118, 168
『労働判例DVD』	168
六法	33
『論点別特許裁決例事典』	168
和解	111, 158

■執筆者紹介・執筆分担

いしかわ　まりこ（いしかわ　まりこ）　　　　　　12章
　元ウエストロー・ジャパン株式会社エディター，法律図書館連絡会賛助員

指宿　信（いぶすき　まこと）　　　　　　　　　あとがき
　成城大学法学部教授

岩隈　道洋（いわくま　みちひろ）　　　　　1章・はしがき
　杏林大学総合政策学部准教授，同総合情報センター長，ロー・ライブラリアン研究会代表

小澤　直子（おざわ　なおこ）　　　　　　　　　9章
　國學院大学法科大学院専任講師，同ロー・ライブラリアン，同法学部兼担講師

金澤　敬子（かなざわ　けいこ）　　　　　　　　10章
　成城大学法学資料室職員

宍戸　伴久（ししど　ともひさ）　　　　　　　　6章
　元国立国会図書館職員，法律図書館連絡会賛助員，矯正と図書館サービス連絡会顧問

島　亜紀（しま　あき）　　　　　　　　　　　　5章
　神奈川大学大学院法学研究科非常勤講師

鈴木　敦（すずき　あつし）　　　　　　　　　　　11 章
　中央大学図書館職員，大東文化大学法学部非常勤講師，法律図書館連絡会幹事会幹事・メディア委員会委員長

田村　英彰（たむら　ひであき）　　　　　　　　　3 章
　国立国会図書館職員，法律図書館連絡会賛助員

中網　栄美子（なかあみ　えみこ）　　　　　　　　7 章
　秀明大学学校教師学部専任講師，法政大学大学院法務研究科法務専攻非常勤講師，神奈川大学法学部非常勤講師，國學院大学経済学部非常勤講師

藤井　康子（ふじい　やすこ）　　　　　　　　　　8 章
　大宮法科大学院大学図書館職員，筑波大学ビジネス科学研究科法曹専攻及び企業法学専攻非常勤講師，慶應義塾大学招聘講師，法律図書館連絡会定例研究会運営委員会委員長

村井　のり子（むらい　のりこ）　　　　　　　　　4 章
　國學院大学法科大学院准教授，同ロー・ライブラリアン，大東文化大学法学研究科非常勤講師

吉田　利宏（よしだ　としひろ）　　　　　　　　　2 章
　著述業，東久留米市図書館協議会委員，元衆議院法制局職員

大橋　鉄雄（おおはし　てつお）　　　　　　　　　編集
　フリー編集者

視覚障害者その他活字のままではこの本を利用できない人のために，日本図書館協会及び著者に届け出る事を条件に音声訳（録音図書）及び拡大写本，電子図書（パソコンなど利用して読む図書）の製作を認めます。但し，営利を目的とする場合は除きます。

◆JLA 図書館実践シリーズ　28

法情報の調べ方入門
法の森のみちしるべ

2015 年 5 月 25 日　　　初版第 1 刷発行 ©
2016 年 1 月 25 日　　　初版第 2 刷発行

定価：本体 1800 円（税別）

編　者：ロー・ライブラリアン研究会
発行者：公益社団法人　日本図書館協会
　　　　〒 104-0033　東京都中央区新川 1-11-14
　　　　Tel 03-3523-0811 (代)　Fax 03-3523-0841
デザイン：笠井亞子
印刷所：藤原印刷株式会社
Printed in Japan
JLA201524　　ISBN978-4-8204-1501-5
本文の用紙は中性紙を使用しています。

JLA 図書館実践シリーズ　刊行にあたって

　日本図書館協会出版委員会が「図書館員選書」を企画して20年あまりが経過した。図書館学研究の入門と図書館現場での実践の手引きとして，図書館関係者の座右の書を目指して刊行されてきた。

　しかし，新世紀を迎え数年を経た現在，本格的な情報化社会の到来をはじめとして，大きく社会が変化するとともに，図書館に求められるサービスも新たな展開を必要としている。市民の求める新たな要求に対応していくために，従来の枠に納まらない新たな理論構築と，先進的な図書館の実践成果を踏まえた，市民と図書館員のための出版物が待たれている。

　そこで，新シリーズとして，「JLA図書館実践シリーズ」をスタートさせることとなった。図書館の発展と変化する時代に即応しつつ，図書館をより一層市民のものとしていくためのシリーズ企画であり，図書館にかかわり意欲的に研究，実践を積み重ねている人々の力が出版事業に生かされることを望みたい。

　また，新世紀の図書館学への導入の書として，市民の図書館利用を啓発する書として，図書館員の仕事の創意や疑問に答えうる書として，図書館にかかわる内外の人々に支持されていくことを切望するものである。

2004年7月20日

日本図書館協会出版委員会

委員長　松島　茂

図書館員と図書館を知りたい人たちのための新シリーズ！

JLA図書館実践シリーズ 既刊20冊，好評発売中

（価格は本体価格）

1. **実践型レファレンスサービス入門　補訂版**
   斎藤文男・藤村せつ子著／203p／1800円

2. **多文化サービス入門**
   日本図書館協会多文化サービス研究委員会編／198p／1800円

3. **図書館のための個人情報保護ガイドブック**
   藤倉恵一著／149p／1600円

4. **公共図書館サービス・運動の歴史1**　そのルーツから戦後にかけて
   小川徹ほか著／266p／2100円

5. **公共図書館サービス・運動の歴史2**　戦後の出発から現代まで
   小川徹ほか著／275p／2000円

6. **公共図書館員のための消費者健康情報提供ガイド**
   ケニヨン・カシーニ著／野添篤毅監訳／262p／2000円

7. **インターネットで文献探索　2013年版**
   伊藤民雄著／197p／1800円

8. **図書館を育てた人々　イギリス篇**
   藤野幸雄・藤野寛之著／304p／2000円

9. **公共図書館の自己評価入門**
   神奈川県図書館協会図書館評価特別委員会編／152p／1600円

10. **図書館長の仕事**　「本のある広場」をつくった図書館長の実践記
    ちばおさむ著／172p／1900円

11. **手づくり紙芝居講座**
    ときわひろみ著／194p／1900円

12. **図書館と法**　図書館の諸問題への法的アプローチ
    鑓水三千男著／308p／2000円

13. **よい図書館施設をつくる**
    植松貞夫ほか著／125p／1800円

14. **情報リテラシー教育の実践**　すべての図書館で利用教育を
    日本図書館協会図書館利用教育委員会編／180p／1800円

15. **図書館の歩む道**　ランガナタン博士の五法則に学ぶ
    竹内悊解説／295p／2000円

16. **図書分類からながめる本の世界**
    近江哲史著／201p／1800円

17. **闘病記文庫入門**　医療情報資源としての闘病記の提供方法
    石井保志著／212p／1800円

18. **児童図書館サービス1**　運営・サービス論
    日本図書館協会児童青少年委員会児童図書館サービス編集委員会編／310p／1900円

19. **児童図書館サービス2**　児童資料・資料組織論
    日本図書館協会児童青少年委員会児童図書館サービス編集委員会編／322p／1900円

20. **「図書館学の五法則」をめぐる188の視点**　『図書館の歩む道』読書会から
    竹内悊編／160p／1700円